RIR
É O MELHOR REMÉDIO

LAURO TREVISAN

RIR É O MELHOR REMÉDIO

Editora da Mente
Santa Maria - RS - Brasil

"Rir é o melhor Remédio"

Lançamento: julho 1998

EDITORA DA MENTE

Pedidos: Editora e Distribuidora da Mente Ltda.
Rua Tuiuti, 1677 - Caixa Postal: 955
97015-663 - Santa Maria - RS - Brasil
Fone: (055) 223.0202 - Fax: (055) 221.7184
E MAIL: laurotr@infoway.com.br.
Internet: www.infoway.com.br./laurotrevisan

ESTA É SÉRIA

PORQUE RIR É O MELHOR REMÉDIO

A ciência já descobriu que o riso abundante:

Facilita a digestão, acalma os nervos, relaxa os músculos, dilata as artérias, dá brilho aos olhos, torna a pele corada, oxigena o sangue, descongestiona os órgãos e oxigena o cérebro.

Fortalece o sistema imunológico.

Inibe os supressores do sistema de defesa do organismo.

Libera endorfina, que alivia as dores e produz bem-estar.

E umas boas gargalhadas antes de dormir são o melhor remédio contra a insônia.

Emagrece.

Baixa a fração do colesterol nocivo (LDL) e aumenta o colesterol benéfico (HDL).

Acelera a convalescença.

Multiplica por quatro os intercâmbios respiratóri-

ESTA É SÉRIA

os; pelo riso, os movimentos abdominais facilitam a digestão, atuam sobre o fígado e melhoram a eliminação da bílis, assim como estimulam o baço.

Previne problemas cardiovasculares.

Elimina o estresse.

Acaba com a depressão.

Dá fim na angústia.

Prolonga a vida, tornando-a agradável.

Aproxima as pessoas.

Deu para convencer você?

Então, comece a ler este livro.

* * * * *

DIZ A SABEDORIA MILENAR DA BÍBLIA

"Um coração alegre serve de bom remédio, enquanto que o espírito abatido virá a secar os ossos".

* * * * *

"A alegria do coração prolonga a vida, ao passo que a tristeza a encurta".

O PROFESSOR E O CABOCLO

Depois de decidir que sabia tudo sobre tudo e sobre todos, o Professor Sabença Demais resolveu partir para uma viagem.

Chegado à beira de um rio, chamou o barqueiro e pediu que o atravessasse, ou melhor, que o transladasse, este era o verbo mais adequado para um professor Phd.

O barqueiro, um caboclo raçudo, encostou o barco:

- Pode subí, seu doutô.

E foram andando.

- Esse rio é piscoso? - perguntou o professor.

- Sim sinhô, quando chove ele pisca muito.

- Quero saber se dá peixe.

- Não sinhô, ele não dá peixe, a gente tem que pescá ele.

O professor sorriu do alto da sua sabedoria e tornou a indagar:

- Como se chama este rio?

- A gente não chama, ele vem sozinho, seu doutô.

- É verdade que este rio vai para a Bolívia?

- Não sei não, mas se for vai fazê muita falta pra nóis.

O professor se divertia com as respostas. Voltou à carga:

- Você é casado?

- Sim sinhô.

- Com quem?

- Com a minha muié, seu.

- Quantos filhos tem?

- Um.

- Masculino ou feminino?

- Nem Marculino e nem Filismino. É Jejum o nome dele.

- Jejum?!

- Sim sinhô, ele nasceu na sexta-feira santa, dia de São Jejum.

O matuto se revirava inquieto e o professor quis saber:

- Está cansado?

- Não, é artrite.

- Você sofre de artrite?

- Craro que sofro! O doutor já viu alguém gozá a artrite?

- Puxa vida, como é que você rema?

- Com as mãos, seu doutô, não vê?

O professor, então, resolveu testar os conhecimentos do homem:

- Você estudou História Universal?

- Não sinhô, nem conheço esse bicho. Nunca vi nem

mais gordo e nem mais magro.

- Meu amigo - ponderou o professor - você perdeu um quarto da vida. Pelo menos, estudou Matemática?

- Não sinhô, nunca deu no jeito.

- Perdeu metade da vida! - Exclamou o professor Sabença.

Neste instante, um tronco flutuante bateu no barco e rachou-o pelo meio. O barqueiro, muito aflito, perguntou ao professor:

- Mecê sabe nadá?

- Não sei, nunca tive tempo de aprender ninharias.

- Pois entonces perdeu a vida toda - sentenciou o caboclo.

UMAS QUE OUTRAS

VÊ SE ENTENDE

O homem, muito entusiasmado:

- Pois, vejam vocês o meu caso: cheguei a esta cidade apenas com um par de calças rasgadas e hoje tenho vinte milhões!

- É mesmo?! E o que é que você faz com vinte milhões de calças rasgadas?!

COMO MENTEM!

- Eu tenho um açude com tanto peixe que não precisa pescar, é só botar um balde na água que ele vem cheinho de peixes.

- Pois, imagine você que, no meu açude, para conseguir um balde de água tenho que afastar montões de peixes!

NO JANTAR

- Que tal achou o nosso jantar?
- Ora, seria excelente se o frango fosse novo como vinho e o vinho fosse velho como o frango.
- É que eu aprendi que a ordem dos fatores não altera o produto.
- Isso você diz porque não está sentindo essa dor de barriga que me atormenta!

SUPER-INTELIGÊNCIA

Guarda - Seu delegado, o ladrão acaba de fugir.
Delegado - Impossível, mandei vigiar todas as saídas.
Guarda - Ele fugiu pela entrada.

FRIO POLAR

- Como está frio o inverno!
- Não admira. Descobriram o polo norte e esqueceram de o cobrir.

PIADA SUJA

- Eu sei uma piada suja e pesada.
- Conte, conte.
- Um elefante caído no barro.

NÃO É HORA DE MÚSICA

Colocaram o paciente na mesa cirúrgica e o médico deu ordem:

- Enfermeiras, preparem de imediato os instrumentos.

O paciente vociferou:

- Eu estou morrendo e vocês ainda querem tocar música?!

NÃO ERA SURDEZ

O sujeito alinhou o carro junto do outro veículo e gritou:

- O seu pára-choque está batendo.

- O quê?

- Seu pára-choque está batendo.

- Por favor, grite mais alto, que não ouvi.

- O pára-choque do seu carro está batendo - gritou o homem a plenos pulmões.

- Diga de novo, por favor.

O homem então abriu o maior berreiro do século:

- O seu pára-choque está batendo.

- Desculpe, amigo. Não consigo ouvi-lo porque o pára-choque do meu carro está batendo.

A PIADA DA VACA

- Você conhece a piada da vaca?

- Não.

- Nem eu. Vaca não pia.

CASAMENTO FRIO

É a história daquele sujeito que casou com uma mulher tão fria que, toda vez que a abraçava, ficava constipado.

VAI PIORAR

Os dois discutiam violentamente quando um deles aplicou um tremendo soco na cara do outro.

- Isso não vai ficar assim! - berrou o agredido.

- Claro que não. Vai inchar muito.

PEDINDO EMPREGO

Na agência de empregos:

- Qual é a sua profissão?

- Caçador de leões.

- Em que região?

- Em Santa Maria.

- Mas, aqui não há leões!

- Por isso mesmo que procuro outro emprego.

É CLARO

O homem estava mal de saúde e foi ao médico, que pôs auscultador no peito e pediu:

- Diga, três vezes, trinta e três.

- Noventa e nove.

O GAÚCHO QUE FOI À LUA

Pois nem lhes conto, o gaúcho resolveu mudar de ares e se mandou pra lua. Turismo por turismo, o melhor era ir pra onde ninguém aporrinhasse a vida. Afinal, essa Terra já deu o que tinha que dar. Era bananeira que já deu cacho - dizia ele.

Montou no cavalo e iniciou a contagem regressiva.

Com quatro esporeaços, o cavalo arrancou que nem foguete, largando fumaça e som por todos os lados. Mais duas esporeadas e o pingo já atravessava a atmosfera, relinchando de faceiro.

Nem falta de ar o gaúcho sentiu. Ar rarefeito, pra ele, só mesmo depois de uma baita feijoada.

Quando a temperatura chiou nos quarenta abaixo de zero, o gaúcho ajeitou os pelegos, espichou o poncho e esquentou o céu da boca com dois litros de cachaça diretamente da guampa para o consumidor.

Nessas alturas, o cavalo já tava perdendo o fôlego. Então, o gaúcho meteu-lhe guela abaixo vinte quilos de batata-doce com sonrisal. Foi um santo remédio. O bicho se impertigou todo, levantou o rabo e subiu sob a propulsão de uma série de explosões tão ensurdecedoras que até o sol tremeu nas bases partidárias. O gaúcho nem conseguiu terminar a contagem regressiva. Tudo andava nos conformes.

De repente, aparece um Satélite de Comunicação. O homem aproveitou a carona e despachou um recado para a humanidade: "Gaúcho no ar rumo à lua. Foguetes funcionando a capricho. Lei da gravidade sem gravidade. Quarenta graus de frio no exterior e quarenta graus de cachaça no interior. No mais, tudo no mais."

O cavalo também aproveitou a chance e mandou dois desaforos odorosos para a égua que o abandonou na curva do destino.

Mas deixa estar que o combustível tava acabando. Então o gaúcho resolveu apear numa estação espacial, comprou rapadura, pão fresco (muito contra a vontade porque detesta essa palavra), meio barril de pinga e alguns metros de alfafa pro Mandabrasa. Esqueci de dizer que Mandabrasa era o nome do cavalo-foguete.

E assim prosseguiu o segundo dia rumo à lua.

No seu diário de bordo, o gaúcho anotou: "Viagem sem novidade. Nenhum vivente na estrada. O buraco negro é branco. Não se vê nenhum sem-terra querendo se apoderar do espaço".

A maior gravidade do momento era a perda da gravidade, mas o Mandabrasa seguia em frente de cola erguida e focinho voltado para a lua.

De radinho de pilha colado à orelha, o gaúcho ouviu o grenal do século, apesar de não ser nem gremista e nem colorado, muito pelo contrário do reverso.

Ao botar os olhos pra baixo, vislumbrou Porto Alegre e exclamou: "Como é alta essa capital gaúcha, tche!"

De repente, passou um meteorito faiscante e ele deu um jeito de acender o palheiro.

Quando cruzou por ele um disco-voador, pediu licença e acampou dentro daquele trambejo, sob o olhar atento de quatro etês e cinco marcianas.

Puxou da tralha e entregou-se ao ritual do chimarrão. Enquanto mateava, meteu uma carne no fogo, que já tava com saudade de um churrasquinho de costela.

Os etês e as marcianas não se cansavam de apreciar as coisas e loisas daquele estranho viandante.

Lá pelas tantas, o gaúcho se engraçou por uma marciana e, se os disconautas não o botassem pra fora, ia dar casamento na certa.

O melhor da história foi que, nesse meio tempo, já dava pra ver a lua.

"Puxa vida! - exclamou o gaúcho. - Essa bichona tá com anemia, tchê. Mais branca que defunto de sétimo dia"!

Enquanto se aproximava do planeta lunar, foi pensando nas palavras que diria para a posteridade.

Pensou nessa: "Um pequeno passo prum gaúcho,

mas um grande salto pra humanidade". Ah, mas essa já estava manjada. Pensou noutra: "Terra à vista". Bom, essa era mais antiga que andar a pé. Quem sabe, essa: "Independência ou Morte?" Não, deixa o Dom Pedro na dele.

Enquanto pensava na frase histórica, tratou de ir freando o animal, porque a gravidade lunar estava pior que abóbora cerro abaixo.

"Lá tá o Mar da Tranqüilidade!" - gritou ele, enquanto desacelerava o Mandabrasa e assestava o leme do rabo na direção daquele ponto.

"Cadê a bandeira?" - perguntou-se o conquistador. Meteu as mãos no bagulho, sem saber se sacava a bandeira do Brasil, do Rio Grande ou sua bandeira particular.

Pensou na bandeira do Grêmio, mas logo desistiu porque os colorados então iriam negar até a existência da lua. Bandeira colorada nem pensar, que daí os gremistas iriam chamá-lo de gaúcho de meia tijela metido a facão sem cabo.

A mil metros do Mar da Tranqüilidade, o Mandabrasa deu a primeira relinchada lunar.

O gaúcho ajeitou o pala, puxou o chapéu pra trás, endireitou o barbicacho e ensaiou um sorriso presidencial, na esperança de ser recebido com banda de música e foguetório. Até pensou nas chinocas lunares, porque sempre ouviu dizer que a lua era dos namorados. Pois então: ele era livre, desimpedido e solto que nem bagual sem brete.

A duzentos metros da lua, percebeu que ninguém

estava lá para recebê-lo, mas se conformou porque esquecera de despachar aviso de chegada.

A poucos metros da terra lunar, ficou tão emocionado que, ao invés de puxar as rédeas, cutucou o cavalo com as duas esporas.

- Puxa as rédeas, seu burro! - berrou o cavalo.

O gaúcho fechou a cara e retrucou:

- Burro é teu avô torto que o direito já é morto! E não me ofende que te mando de volta pra Terra!

No meio desse arranca-rabo, quando viram, cavalo e cavaleiro já estavam na lua. Cavalunaram.

- Gente, cheguei! - berrou o gaúcho.

Nem o eco respondeu, até porque este também não fora avisado.

- Buena - resmungou o gaúcho - já que ninguém dá com as caras, vou fazer à moda dos sem-terra: acampo por aqui e seja o que Deus quiser.

Tirou a muamba do lombo do Mandabrasa, que já estava louquinho pra pastar, e montou a barraca.

Saiu pra dar uma voltinha e viu que tudo era árido como a guaiaca de muitos gaúchos da Terra.

Pegou seu caderno de bordo e registrou: "Aqui a terra é pelada como criança recém-nascida. Em se plantando, nada dá. O que tem de bom é a imensa praia a perder-se de vista. Pena que falta a água. As montanhas estão voltadas pra cima e os vales pra baixo. As lagoas, os rios e os mares estão secos. No mais, tudo tranqüilo, sem problema".

Era o que ele pensava, porque, ao olhar para o lado,

viu uma correspondência da Receita Federal, cobrando os valores que restavam a pagar depois da vírgula, aquilo que na terra chamam de centavos.

Na falta de telefone, desistiu de largar meia dúzia de nomes feios.

Ligou o radinho para ouvir músicas da Lua e de Marte, mas o que ouviu foi a Terra se intrometendo: "Alô, gaúcho, alô gaúcho, não pagou o imposto de renda, segue oficial de justiça no seu encalço".

"Essa gente - resmungou o gaúcho - é capaz de cobrar imposto de renda até pros que herdaram o reino dos céus!"

No dia seguinte, o gaúcho viu o cavalo desmilingüido de tanta fome e meteu-lhe óculos verdes. Foi o que valeu: o Mandabrasa saiu a pastar pedra e terra com a maior alegria estomacal.

Buenos, agora era arrumar emprego. Não conseguiu por falta de patrão. Então resolveu abrir uma bodega pra vender rapadura, cachaça, alpargata, bolachinha, bico de mamadeira, erva-mate, e mais algumas bugigangas. Feito isto, montou o negócio que mais gostava: cancha de carreira de cavalo. Era sua paixão. Todas as tardes havia corrida de cavalo. O Mandabrasa sempre chegava em primeiro lugar. Às vezes, a bem da verdade, pegava um segundo lugar de si mesmo.

Um belo dia, chegou uma comitiva de marcianos para convidá-lo a uma visita de cortesia à Marte. O gaúcho aproveitou para desafiá-los a uma corrida do Mandabrasa contra o disco-voador. Nem é preciso dizer que o cavalo ficou comendo poeira o tempo todo. A coisa teria ficado nisso, não fosse o tropeção do cavalo contra a antena da nave espacial. O coitado do Mandabrasa foi a nocaute e deu com a cola na cerca, como diz o outro.

Diante do infortúnio irreparável, nada mais restou que um enterro solene com direito a uma lápide com esta inscrição:

"Aqui jaz
o valente cavalo Mandabrasa,
herói interplanetário,
sucumbido em combate contra
exércitos marcianos".

Perdido o cavalo, a vida do gaúcho também se foi pras cucuias. Sentou-se muito macambúzio junto à bodega e conseguiu acertar com os marcianos seu transporte para a Terra, a fim de mitigar sua infelicidade cavalar.

E foi assim que ouviram do Jacuí as margens plácidas o heróico brado retumbante de um gaúcho que retornava lampeiro e faceiro ao seu torrão natal.

A festa foi grande.

Tomaram chimarrão a noite inteira e ainda sobrou água quente.

QUANTA BOBAGEM!

ZOOLOGIA

- Você sabe por que a girafa tem pescoço comprido?
- Porque a cabeça está muito longe do corpo.

ENTENDA ESSA

Comentava aquela mulher:

- Sabe da última? Vou ter trigêmeos. O médico me disse que isso acontece uma vez em cada 3 milhões de vezes?

A outra - Três milhões de vezes?! E como ainda você encontra tempo pra cuidar da casa?!

SOBRE CASAMENTO

O orador:

- O casamento é um navio que conduz ao porto da felicidade!

A mulher:

- É mesmo?! Então eu casei com um navio de guerra!

LATIM NELE

Na prova de latim:

- Cícerus, traduza-me esta frase do Credo: "Passus sub Pontio Pilato".

- Passou sobre a ponte de Pilatos.

- Preste atenção: "Sub" também significa debaixo.

-Então, passou debaixo da ponte de Pilatos.

- Nada disso!

- Mas, seu professor, se não passou por cima e nem por baixo, por onde passou então?!

DIGA LÁ

- Você sabe por que o papa usa batina branca?

- ?

- Para cobrir o corpo.

SERÁ MESMO?

Professor:
- Qual é a lei da gravidade?
- Nove meses, seu professor.

MALANDRO

O gaiato:
- Seu guarda, que horas são?
- Faltam dez minutos para as onze.
- Então quando chegar as onze vai pastar no mato.

O guarda ficou furioso e saiu correndo atrás do garoto, quando foi interceptado pelo comandante:

- Aonde é que vai nessa correria?
- Seu comandante, aquele fedelho me pediu as horas e eu disse que faltavam dez para as onze e ele respondeu que quando chegasse as onze eu fosse pastar no mato.

O comandante olhando no relógio:
- Então se apresse que só faltam cinco minutos.

TUDO TEM SOLUÇÃO

- Quer caçar hoje comigo?
- Não tenho espingarda.
- Não importa, eu tenho uma de dois canos.

ALUNO GENIAL

Ensinava o professor:

- O oxigênio foi descoberto há mais de duzentos anos.

O aluno super-inteligente:

- Puxa vida, como é que as pessoas respiravam antes?

* * * * *

E tem aquela do português que não queria ter filhos: Transava com a cunhada para ter sobrinhos.

* * * * *

Por falar neles, saíram dois portugueses para jogar tênis e voltaram pra casa de pés descalços.

* * * * *

Dizia aquele sujeito: "Eu e o meu velho carro temos os mesmos hábitos: ambos bebemos, roncamos, expelimos fumaça, não queremos pegar de manhã, ninguém nos lava e um dia vamos apitar na curva".

RÁDIO VAIPRASCUCUIA ENLATADA

Locutor - Alô, ouvintes e outrintas, vai para o ar neste momento a Rádio Vaiprascucuia, transmentindo em 10 quilovaca pelas ondas quadradas em FM Freqüência MIXURUCA, diretamente para o mundo.

Mensagem matinal: Está na hora de acordar, seu dorminhoco! Saiba que dorminhoco não é dor do minhoco mas é você que está dormindo feito cadáver de defunto morto. Levante de uma vez senão lhe jogo um balde de água fria pelo telefone.

* * * * *

E agora, antes do noticiário da manhã, nossos comerciais:

Para quem não consegue levantar da cama, recomendamos o purgante CORRELOGO. Se não correr logo, sua cama pagará o pato.

Vende-se um carro usado, sem motor, sem rodas, sem carroceria e sem carcaça. Modelo invisível. Nada de entrada e dez prestações do mesmo valor.

Se você sente-se mal, compre uma cadeira e sente-se bem.

A Ferragem Batenobolso acaba de receber talheres para damas de aço inoxidável e pregos para carpinteiros sem cabeça. Avisa ainda que dispõe de vasto estoque de cadeiras para famílias de palha.

NOTICIÁRIO

E atenção para o primeiro noticiário da manhã.

Foi encontrado o esqueleto vivo do homem das cavernas. Perguntado onde estava o resto do corpo, respondeu que é descendente direto da costela de Adão.

Rio das Águas Líquidas - Acaba de ser internado no Hospital Rampa-de-Lançamento o Dr Tecutuco Coataquara. Segundo a equipe de futebol que o atendeu, o coração está tão fraco que já não bate, apanha o tempo todo.

Brasilite - Segundo estatística do Instituto Estatiscológico de Estatiscologia do Estado, oitenta por cento dos brasileiros são contra qualquer coisa; os outros oitenta por cento são a favor de qualquer coisa; os demais vinte por cento não são contra nem a favor; e o restante é muito pelo contrário do reverso.

E AGORA AS NOTÍCIAS DO OUTRO MUNDO

Finalmente foi encontrado o monstro do Lago Ness. Entrevistado pelos jornalistas, desculpou-se por não ter aparecido antes devido ao forte complexo de timidez, aliado ao rompimento das narinas fumegantes, provocado pela presença de rajadas vulcânicas estereotipadas de sabor inodoro e sem cheiro. Indagado sobre a idade, sorriu envergonhado e não revelou, porque poderia atrapalhar seu futuro casamento. Quanto aos projetos de vida, só o que deseja de momento é deitar-se na praia sem a presença de estranhos paparazzi. Mas prometeu entrevista coletiva para explicar se pretende casar ou vender picolé aos turistas.

Oriente Médio e Longo - Os grávidos conflitos ocorridos resultaram na morte do Mar. Consternado, o povo está velando o Mar morto no Palácio da Oceania. Há pouco, o Primeiro Ministro lastimou profundamente a morte do Mar e prometeu a prisão da Perpétua ao assassino que passará o resto da vida carregando cedros do

Líbano no Jericó da Prefeitura. Para minorar o sofrimento, o Governo decidiu legar pensão vitalícia à viúva do Mar Morto.

ENTREVISTA

Amigos escutantes, temos aqui nos nossos estúdios fotográficos a presença incólume e insalubre do famoso cantor Desafino Detudo.

Rádio - Bom-dia, Desafino, como é que vai?

Desafino - De momento, parado.

Rádio - Parado?

Desafino - Claro, não vê que estou sentado à sua frente? Queria que eu caminhasse sentado?

Rádio - Quando é que começou a cantar?

Desafino - Quando nasci. O doutor me deu um tapa na bunda e aí eu comecei a cantar a plenos pulmões.

Rádio - E nunca mais parou?

Desafino - Sim, eu paro pra dormir, pra fazer as necessidades e em outros momentos que não interessam.

Rádio - Você canta de ouvido?

Desafino - Não, canto com a boca.

Rádio - Qual é seu gênero preferido?

Desafino - O gênero feminino.

Rádio - Aprendeu a cantar sozinho?

Desafino - Lógico, até hoje ninguém quis cantar por mim. Eu sou o único que canta comigo.

Rádio - Tem muitos convites?

Desafino - De momento tenho três convites: pro batizado de um sobrinho, pro casamento de uma tia e prum churrasco.

Rádio - Quero saber se fez algum contrato.

Desafino - Só o contrato de casamento. Enoiveci.

Rádio - Onde você mora?

Desafino - Em casa.

Rádio - Sim, eu sei. Eu quero saber se...

Desafino - Sabe o quê, se me mudei há dois dias?

Rádio - Tudo bem. Qual a música que você mais canta?

Desafino - A que eu mais gosto.

Rádio - E qual é a que mais gosta?

Desafino - A que mais canto, ora.

Rádio - E qual é a que mais gosta e mais canta?

Desafino - A faixa três do disco dois.

Rádio - Sim, entendo, mas diga-me qual é a faixa três do disco dois?

Desafino - Já disse. É a que mais gosto e mais canto. Meu amigo, vê se sai dessa enrolada. Está patinando na mesma coisa que nem calhambeque no atoleiro.

Rádio - Está bem, agora a última pergunta: Teve algum momento muito feliz na sua vida?

Desafino - Tive. Pode fazer outra pergunta.

Rádio - Para concluir essa nossa instrutiva e cultural entrevista, pergunto por que o nome Desafino Detudo.

Desafino - Porque gosto de cantar mas desafino de tudo.

Rádio - Senhoras e senhores que não me escutam, acabamos de não entrevistar o cantor Desafino Detudo.

* * * * *

Locutor - E agora um comentário filosófico cultural sobre a vida:

"A vida, como a concebo, é aquela cuja vivemos a qual. A vida só é vida quando existe vida. Se alguém, com vida, convida a uma vida devida, sinta-se movida, mas não como alguém que duvida. Mas a vida, em sendo vida, merece ser bem vivida. E viva a vida!"

* * * * *

Locutor - E agora, pesados radiouvintes e radiotrintas, o momento cultural sobre um dos temas mais importantes do mundo: O Grão de Areia.

Para começo de conversa fiada, o grão de areia tem o tamanho de um grão de areia. Nem mais nem menos. O grão de areia gosta de viver em conglomerados de areia, a que dão o nome de praia.

Segundo os cientistas, quando se mistura o grão de areia com água e cimento, torna-se concreto, mas até agora não há nada de concreto sobre o assunto.

Um grão de areia polido é um grãofino.

Todo grão de areia estudado é grão-mestre.

Areia que vive em monastério é areia monazítica.

Sabe-se que uma ave que come areia é aveia.

Então, correia seria uma corrida na areia?

O grão de areia militar é capitão de areia.

Grãos de areia caindo de um vidro afunilado dizem

que é um relógio de areia. De grão em grão o relógio enche as horas de areia.

Grão de areia pontudo chama-se grão-de-bico.

Vizinho do grão de areia é o grão-vizir.

* * * * *

Acertem seus relógios: faltam dez minutos para daqui a dez minutos.

E atenção para as notícias que circulam em alta felicidade pelo mundo:

Os cientistas acabaram de fazer uma cruza de uva com vidro. Resultado: uma garrafa de vinho.

No mesmo laboratório foi feita a cruza de bugiu com ganga. Deu bugiganga.

Foi tentada ainda a cruza de telefone comum com o celular. O resultado foi esquizofrenia: ou não fala ou fala na hora errada.

* * * * *

E atenção para notícia de ÚLTIMA HORA:

Na manhã de ontem o Dr. Resolvetudo foi chamado às pressas para uma cirurgia de prisão de ventre na prisão. Os policiais impediram, alegando que o ventre do presidiário também estava preso e não podia sair da prisão. O médico respondeu que quem estava preso era o presidiário e não o ventre. Chamaram um ventríloquo para resolver a situação, mas ele respondeu que não era especialista nesse tipo de ventre. Invocado o Juiz, este dirimiu as dúvidas dizendo que a prisão de ventre que estava na prisão era caso de ventre e não de prisão, por isso era liberado o ventre da prisão, permitindo-se operar a prisão de ventre.

* * * * *

Agora os nossos comerciais ao vivo e a cores:

Vende-se uma carroça sem carroça e sem cavalo. Os arreios não fazem parte da transação. Pagamento à vista ou à orelha.

Troca-se, mano a mano, uma vaca por um barril de cachaça. A vaca produz leite, o barril produz cachaça. A vaca come cana moída, o barril cana líquida. A vaca muge, a cachaça engrola. O leite é branco, a cachaça dá um branco. Leite duro é queijo, cachaça dura é rapadura. A vaca troca as patas, a cachaça troca as pernas.

Vende-se uma mala por motivo de viagem.

E atenção que estamos em linha direta com o repórter Mégalo Maníaco que foi a Roma para entrevistar o Papa.

Alô, Mégalo Maníaco, pode falar.

Mégalo Maníaco - Senhoras e senhores já estou no ar, podem me cumprimentar. Cheguei a Roma conduzido especialmente por um Boeng 707 e fui servido pelo comandante e dez tripulantes. Um táxi fez questão absoluta de me conduzir ao Vaticano. Uma multidão de cem mil pessoas me esperava na praça. Tratei de entrar no Vaticano, embora os soldados suíços quisessem opor-se à minha augusta presença. Fui barrado na entrada e tive que chamar o Secretário de Estado que, ao ver-me, deu-me o ósculo da paz. Guardei o ósculo e segui em frente. Dessa vez os cardeais, que não me identificaram por eu estar de chapéu, se atreveram a perguntar quem eu era. Ora, quem sou eu. Sou o que sou, porque se não fosse o que sou, não seria o repórter de mim mesmo. Como eles não entenderam a minha teologia, não puseram obstáculo. Pelo contrário, pediram à Guarda Suiça para fazer continência à minha passagem. Para não perder a minha autoridade, fiz que não vi aquela gente. Antes de entrevistar o Papa, levaram-me à Capela Sixtina. Achei um desaforo fazer-me perder tempo com umas figuras antigas penduradas no teto. Pior ainda era a Biblioteca, que só tinha velharias.

A Rádio Vaticana quis entrevistar-me, mas eu não lhes dei essa colher de chá, até porque eu não levava colher e nem chá. Entrei junto com o Papa no salão de eventos, quando a multidão me aplaudiu dilerantemente. O Papa então me saudou sorridente e eu aceitei a saudação. Assim, senhoras e senhores, encerro a entrevista com o Papa, diretamente do Vaticano.

* * * * *

Locutor - Neste horário, senhores e cenouras, encerramos, na encerra do tempo, nossas transmissões, porque neste momento a Rádio Vaiprascucuia vai pras cucuias definitivamente.

ISSO TAMBÉM ACONTECE

O guarda chega correndo para um transeunte:

- Não viu um rapazote baixote, morenote, gordote, carregando um capote?

- Não conheçote.

ERNESTO

- O que é que estava dizendo aquele mentiroso descarado?

- Que você era um homem honesto.

TROMBONADAS ATRAPALHAM MUITA GENTE

- Como você é benquisto no edifício! Todos os vizinhos convidam você a passar algumas horas no apartamento deles!

- É que eu contei que sempre que me sentia só eu gostava de tocar trombone.

HOMEM DE BARRO

E perguntou o professor:

- A que reino da natureza pertence o homem?

- Ao reino mineral.

- O que?!

- Claro, diz a bíblia que ele foi feito do barro.

- Pois vocês sabiam que um filhote de baleia pode pesar uma tonelada?

- Credo! - exclamou o aluno. - Que baita ovo ela tem que botar então!

O professor prosseguiu:

- Os primeiros escritos eram feitos em pedra.

- Mas então - comentou o aplicado aluno - a máquina impressora era uma britadeira?

SUPREMA INTELIGÊNCIA

- Minha mulher ganhou ontem um bebê.

- Menino?

- Não.

- Menina?

- Adivinhou.

ENTRE NAMORADOS

Ela:

- Tu não cumpriste a promessa que me fizeste ontem.

Ele:

- Não seja por isto, faço-te outra hoje.

O GAÚCHO QUE FOI VIAJAR DE AVIÃO PELA PRIMEIRA VEZ

Dessa vez não deu pra evitar. O gaúcho teve que viajar de avião.

Acostumado a ficar grudado no chão, bem sentado no lombo do cavalo, de rédeas firmes na mão, agora o gaúcho não estava nada gostando de montar naquele enorme trambejo que andaria lá por riba, sem se agarrar em nada, nadinha mesmo.

Mas teve que ir.

Chegou no balcão e pediu um lugar bem na frente pra não pegar poeira.

Montou naquela josca - gaúcho não sobe, monta - e se encolherou na janelinha de número quatro, seu número da sorte. Desde logo, sacudiu-se na poltrona a ver se aquilo era seguro mesmo. Depois, vasculhou o teto para verificar se tinha algum furo. Por dentro, tudo confiável. Faltava sondar o motor do lado de fora.

O avião roncou forte na pista e decolou. O gaúcho

agarrou-se nos pelegos e arregalou os olhos, desconfiando que aquilo não sairia do chão. Mas saiu. Ufa!

Lá em cima, não deu tempo para desatar a barrigueira, que já o avião começou a sacolejar como cavalo sestroso. O gaúcho se firmou nas esporas, mas aquela droga não parava de corcovear no céu. Eta estrada pedregosa, tchê!

O gaúcho pegou seu bloco de anotações e mandou um recado para o comandante: "Senhor Piloto, dirija com cuidado. Meu avô acha que o senhor tá levando uma carga de valor: eu."

O comandante mandou a resposta: "Não se preocupe, meu avô acha a mesma coisa."

Mas o avião continuava rebolando.

Lá pelas tantas, o comandante falou:

"Atenção, senhores passageiros, muito bom-dia. Aqui fala o comandante Araújo. Se olharem à esquerda da aeronave verão as imensas praias gaúchas que se estendem a perder-se de vista..."

E o avião pipocava cada vez mais.

"E se olharem à direita - continuou o comandante Araújo - verão uma cordilheira de montanhas que se..."

Aí o gaúcho não se agüentou mais, levantou, botou o pala pro lado e berrou:

- Olha pra frente, Araújo!

Pois o desgraçado do avião, que o tal de Araújo chamava de aeronave, continuava pulando que nem cabrito. E o gaúcho estava pálido, branco como cadáver de defunto morto.

A aeromoça foi ter com ele e perguntou delicadamente:

- O senhor sente falta de ar?

- Não, minha senhora - rebateu o gaúcho - sinto falta de terra.

- Não se preocupe - acalmou-o a aeromoça. - Vai chegar em terra tranqüilamente. Até o papa viaja de avião!

- Sei - respondeu o gaúcho - mas, cada vez que desce, vai direto beijar a terra, muito agradecido por estar no chão.

Quando a aeromoça perguntou-lhe se queria café, suco ou refrigerante, o gaúcho atalhou:

- Cachaça!

- Não temos - respondeu a aeromoça.

- Então fecha esse boteco - resmungou o gaúcho.

- E pra comer - continuou impassível a moça - que prefere?

- Churrasco bem passado!

- Não temos - explicou a atendente.

- Então pode ser um chimarrão bem cevado! - concluiu o pampeiro.

- Também não temos - lamentou a aeromoça.

- Então pergunte pro bodegueiro de bordo se tem rapadura de Santo Antônio da Patrulha, vinho de Caxias, pêssego de Pelotas, cuca de Vale Vêneto e melancia de Santa Maria.

- Infelizmente não temos nada disso no momento.

- Pois então me devolva a passagem que eu desço aqui mesmo.

A aeromoça sorriu e seguiu em frente.

Só agora o gaúcho descobriu que tinha um companheiro sentado ao lado e perguntou-lhe:

- Esse avião é seguro?

- Sim senhor - respondeu o vizinho. - Em caso de necessidade eles botam uma máscara no rosto da gente.

- É - ponderou o gaúcho - meu cavalo também usa focinheira e já me derrubou três vezes.

- Mas aqui, em caso de acidente, dão um pára-quedas para cada passageiro.

- E se não abrir a coisa?

- É só se apresentar no balcão da Companhia que eles trocam por outro que funcione.

- É verdade - cochichou o gaúcho - que quando a gente monta nesse avião é passageiro e quando desce é sobrevivente?

O vizinho fechou a cara e fez o sinal da cruz.

Nessas alturas o gaúcho estava mais animado e contou ao companheiro:

- Você soube que, certa vez, um gaúcho laçou um avião? Pois fui eu. Peguei o avião e coloquei no campo junto com as emas. Tempos depois, não é que nasceram quatro aviemas?

- Aviemas?!

- Pois é, tchê, deu uma mistura de avião com ema. Até aí tudo bem, o problema é que fizeram da minha estrada pista de decolagem e de repente caíam e quebravam a cara no chão.

- Não conseguiram voar? - perguntou o outro.

- Conseguir, conseguiram. Mas quando acabava o combustível era aquele tombo.

Finalmente o avião chegou, aterrissou e liberou os passageiros.

Ao descer, o gaúcho agradeceu a aeromoça:

- Muito obrigado pelas duas viagens.

- Mas o senhor só fez uma viagem - retificou a aeromoça.

- Fiz duas: a primeira e a última.

PROBLEMAS DE AÇOUGUEIRO

Naquela manhã o açougueiro chegou cedo, mas já encontrou à porta o garoto que logo perguntou:

- O senhor tem pé de porco?

- Tenho.

- E tem costela de ovelha?

- Também tenho.

- E tem língua de vaca?

- Em perfeitas condições.

- E peito de galinha?

- Da melhor qualidade.

- Então vá trabalhar no circo que o senhor é uma raridade.

Se o garoto não tivesse dado no pé, o bumbum dele viraria bife.

Eis que chega outro menino e começa a assobiar para a mortadela pendurada nos ganchos.

O açougueiro perdeu a paciência e reclamou:

- Seu fedelho, por que faz meia hora que enche a paciência com esses assobios?

- É que estou procurando meu cachorro desaparecido.

- E você acha que o seu cachorro está aqui no açougue?!

O garoto, muito desconfiado:

- Não sei não, mas toda vez que assobio aquela mortadela pendurada se chacoalha toda.

- Não me faça perder a paciência - berrou o açougueiro.

O garoto foi se retirando desconsolado:

- Perder a paciência não é nada, pior é perder o cachorro.

Foi só o açougueiro se acalmar e a dona Mequetrefe aproveitou:

- Seu açougueiro, faz duas horas que estou esperando o senhor me servir dois quilos de carne!

O açougueiro já estava por conta:

- E faz dois meses que estou esperando a senhora me pagar os cinco quilos de carne que levou à vista!

Nisto chega a Compassiva Pena Lizada e indaga:

- Seu açougueiro, é verdade que o senhor tem sardinha enlatada?

- Tenho, sim senhora.

- Então solte as coitadinhas, por favor!

Finalmente apareceu no açougue o doutor Firulas Da Literança, de óculos pardos e gravata zebrina:

- Ilustre magarefe, cabe-me o grato honor de solicitar-vos trinta mil gramos de carne seleta para fins de convalescença pós-cirúrgica.

O açougueiro não se agüentou:

- Cráro com acento no a, meritíssimo.

Preparada a encomenda, o açougueiro deu o preço:

- Sessenta reais.

O cientista das letras puxou do talão de xeques, pôs-se a escrever, parou, olhou e indagou:

- Tomei-me de dúbia vacilação sintática permitida pela sonoplastia fonética homogênea. Desfaça minha angústia literária, senhor magarefe e me informe se a gente escreve sessenta com cecedilha ou com dois ésses.

O açougueiro ficou em pânico e com medo de perder o pagamento, resmungou:

- Faça dois xeques de trinta e tudo bem.

COMPLICAÇÃO DE FAMÍLIA

Esta é a história do homem que embrulhou o cérebro, enrolou os miolos e resolveu sair da vida pública para a privada devido aos fatos estoporosos que lhe aconteceram.

Contou ele para o seu psiquiatra:

- Casei com uma viúva que tinha uma filha. Aí começou a complicação, porque meu pai, que era viúvo, acabou se apaixonando e casou com a filha da minha mulher. Resultado fatal: minha mulher tornou-se sogra do meu pai e a minha enteada ficou sendo minha mãe e meu pai acabou sendo meu genro. Mas o embrulho não terminou aí, porque, depois de algum tempo, minha filha ganhou um menino, que veio a ser meu irmão e neto de minha mulher, por isso fiquei sendo avô do meu irmão. Ocorre que minha mulher também deu à luz um menino que se tornou irmão de minha mãe, cunhado do meu pai, tio do meu filho. E minha mulher ficou nora da sua própria filha. Eu fiquei sendo pai de minha mãe, tornandome irmão do meu pai e dos meus filhos. Não bastasse isso, a mulher passou a ser minha avó, que é a mãe da minha mãe. No fim das contas, seu doutor, eu me tornei avô de mim mesmo. Agora estou com medo de tornarme minha mãe. Como é que posso, com esse salário miserável que recebo, sustentar tanto parente dentro de mim mesmo? Para minha desgraça, o avô de mim mesmo sofre de insônia, ao passo que eu durmo demais. Para resolver a coisa, tenho que dormir acordado. O pior é que o Imposto de Renda cobra imposto de mim e do avô de mim mesmo.

Fundi a cuca, doutor.

COISAS DE LOUCO

E aí se encontraram o seu Pancada e o Biruta, ambos recém-saídos do manicômio.

- Como vai? - perguntou o Pancada.

- De momento, parado - respondeu o Biruta.

- Parado?!

- Claro, não vê que estou parado? Até parece que você tem pancada na mola!

- Pancada na mola tem você que comeu terra dizendo que era sorvete de chocolate.

- E você que queria subir pela luz da lanterna para fugir pelo telhado e levou um tombo de quebrar o relógio da padaria!

- Caí porque você apagou a luz da lanterna, seu biruta! Mas, deixando de lado essas coisas, me diga como é que vai?

- A pé. Não tenho carro - respondeu Biruta.

- Ah é? Então vai que os outros já foram. E tem

mais, se me enxergar lá na esquina, avise que eu estou em casa.

- O que?!

- Esqueça, você é biruta mesmo. Não sabe nem com quantos paus se faz uma canoa.

- Eu sei - rebateu Biruta.

- Sabe?! Com quantos? - intrigou-se Pancada.

- Com um. A canoa é feita do tronco de uma árvore, entendeu?

O Pancada estava espantado:

- Mas, você não é louco?

- Sou louco, mas não sou burro - filosofou Biruta.

Dias depois o Biruta resolveu visitar o Pancada.

Bateu na porta.

Biruta olhou pela fechadura e gritou:

- Eu não estou!

- Ah, não está? Ainda bem que eu não vim - explodiu o Pancada.

O POLÍTICO QUE FOI PARA O CÉU

O político morreu muito contra a sua vontade e se apresentou lá em cima disposto a mudar os rumos da história celestial.

- Senhoras e senhores - começou ele - em primeiro lugar uma comunicação: estou aqui muito contrariado. Não era esta a minha vontade e nem a do meu partido. Feito este reparo, apresso-me a dizer que aceito a situação, porém exigindo o direito de fundar um novo partido neste país. Quero lançar as bases do PMD, Partido dos Mortos Dissidentes. E desde já convido V.Excia, São Pedro, a participar deste partido.

- Eu sou PC - aparteou São Pedro.

- O quê?! - espantou-se o Político. - Vossa Excelência é do Partido Comunista?!

- Não senhor - rebateu São Pedro. - Sou PC, Porteiro do Céu.

O político continuou:

- A primeira reivindicação que meu partido faz é o direito de plena liberdade para entrar no céu. Em qualquer lugar do mundo a prerrogativa de ir e vir é assegurada. Não se pode admitir que nesta nação tão culta e espiritualizada esse direito ainda não tenha sido implementado.

São Pedro tornou a pedir aparte e deitou o verbo:

- Quero informar V. Excia que na Terra existe este direito, realmente, desde que o cidadão não tenha antecedentes criminais. Tenho em mãos sua ficha cadastral e vejo que o seu caso está mais para urubu do que para colibri.

- Intriga da oposição - berrou o político. - Nestes bolsos jamais entrou dinheiro corrupto.

Nesse momento passava um cidadão celestial que não se conteve:

- De roupa nova, doutor?

O Político retesou a cabeça, apontou com o dedo alguma estrela distante, e prosseguiu:

- Reafirmo aos ilustres cidadãos celestiais, invocando minha santa mãe que não me deixa mentir sozinho, que aqui chego com a alma lavada, enxaguada e passada a ferro. Nunca levei dez por cento de coisa nenhuma, nem prometi nada para ninguém. Jamais usei o mandato para a impunidade; não fui pianista nas votações do Congresso; meus discursos jamais fizeram oposição por oposição e minhas mãos em momento algum tocaram dinheiro alheio.

Por acaso o cidadão celestial passava por aí novamente e lascou:

- Usando luvas, doutor?

O Político berrou com mais força :

- Meus concidadãos deste país!

São Pedro não se agüentou:

- Fale mais baixo que aqui estamos só nós dois.

O Político olhou ao derredor e reconheceu a verdade.

- Meu ilustre companheiro São Pedro. Neste momento solene em que podemos falar de igual para igual, eu, usando de todas as prerrogativas que são dadas a um homem do povo, eleito por maioria absoluta, quero dizer-lhe que aqui venho pra fazer valer a justiça. Olho para sua fisionomia cansada de tanto trabalhar, enfrentando noite e dia o árduo mister da portaria, e me pergunto por que o ilustre companheiro não recebe horas extras, nem férias, nem décimo terceiro e nem seguro de garantia? São tantos os anos em que desempenha o cargo de porteiro e, no entanto, não lhe deram aposentadoria. Não é justo. Por mais consideração que mereça o Patrão de Riba, julgo procedente uma ação indenizatória.

- Faço tudo de boa vontade - explicou São Pedro.

- Sim, todos sabemos disso. É por esta razão que o colocamos entre os maiores santos do calendário cristão. Mas, data vênia, nada impede que seu ilustre Patrão atenda às exigências da Justiça. Se um dia V.Excia for demitido, como proverá sua subsistência? Com essa idade e essa crença religiosa, acha que lhe dariam emprego na Portaria do Inferno?

- Agora chega - impacientou-se São Pedro. - Fique aí sentado até que venha a sentença.

O Político tentou ainda mais uma investida:

- Meu grande companheiro, líder incontestável, paradigma da vida pública, cidadão acima de qualquer suspeita - tenha a certeza que meu partido o candidatará à Presidência do Reinos dos Céus, com direito à reeleição. Estou pronto para ir aos palanques celestiais e defender sua candidatura. Basta que dê o visto do meu passaporte.

São Pedro virou-lhe as costas e foi ter com seu glorioso Senhor celestial.

- Meu caro Senhor todo-poderoso, Presidente do Céu e da Terra - começou São Pedro - rendo-lhe minha homenagem de eterna gratidão pelo emprego que generosamente me concede desde milhares de anos. Mas, não seria o caso de conceder-me férias, décimo terceiro, pagamento de horas extras e assinar-me um contrato de estabilidade de emprego? Não é que me julgue injustiçado, meu Senhor, jamais pensaria nisso. Mas ficaria contente que me recompensasse também com aumento de salário. Claro, aqui não há inflação, mas faz tanto tempo que trabalho sem um aumentozinho, não acha Vossa Santidade?

O Senhor passou a mão na cabeça de São Pedro e falou:

- Pedro, meu fiel servidor e amigo, chegou aqui algum advogado?

- Não, meu Senhor, foi um Político.

O Senhor sorriu complacente e determinou:

- Mande de volta à Terra esse Político, se não ele vai querer candidatá-lo ao meu cargo.

São Pedro envermelhou.

NO TRIBUNAL

Juiz - E o que você me diz da acusação de ter roubado um relógio de ouro?

Zé - Excelentíssimo, ilustríssimo e amabilíssimo senhor Juiz, é tudo mentira deslavada e enxugada. Primeiro, não roubei nenhum relógio. Segundo, não era de ouro coisa nenhuma.

Juiz - Já é a segunda vez que acontece com você. No outro dia roubou uma vaca.

Zé - Eu roubei uma vaca?! Isto é uma ofensa à minha santa inocência. Eu apenas achei uma corda à beira da estrada e a levei para casa. Só depois me disseram que havia uma vaca na ponta da corda. A vaca está lá, podem ir buscá-la.

Juiz - E aquele bode que você roubou no outro dia, onde é que está?

Zé - Debaixo da minha cama.

Juiz - E o cheiro?! - espantou-se o Juiz.

Zé - Ele agüenta, é só por poucos dias.

Juiz - E tem mais. Dizem que você bate nas crianças. Não gosta de criança?

Zé - Nunca provei, senhor meritíssimo Árbitro.

Juiz - Escuta aqui, e esse relógio de ouro que você tem no pulso, como é isso?

Zé - Ganhei numa corrida.

Juiz - E quem eram os adversários?

Zé - Dois guardas e o dono da loja.

Juiz - Confessou o crime. Vai preso.

Zé - Por acaso o senhor é padre? Só confesso pra padre.

Juiz - Pois a cadeia tem as grades bem parecidas com confessionário. Vá lá treinar um pouco.

OS AVISOS DO SACRISTÃO

O vigário ficou doente e mandou o sacristão avisar o povo:

"Atenção, o vigário está doente e manda dar os seguintes avisos:

Domingo será festa de São Pedro e São Paulo. Todos devem comparecer.

No sábado haverá a procissão das velas acesas ao redor da igreja.

A próxima sexta-feira é a primeira sexta-feira do mês, por isso teremos missa especial.

Na quinta-feira será celebrado o casamento de Filisbino Reco com Salmonela Sabonete. Os padrinhos não poderão faltar.

Segunda-feira teremos reunião dos catequistas na sacristia.

Terça-feira será dia da bênção aos doentes. Favor trazer água nas garrafas para ser abençoada.

Quarta-feira apresentar-se-á no salão paroquial o grupo de danças Viva-vida."

O sacristão apresentou-se ao povo e falou:

Atenção, São Pedro e São Paulo estão doentes por isso não haverá festa do senhor vigário no domingo.

A quinta-feira é a primeira sexta-feira do mês, por isso os doentes farão apresentação de danças.

Na quarta haverá a festa de são Filisbino Reco com santa Salmonela Sabonete. Favor trazer os catequistas nas garrafas que serão abençoadas.

Não esqueçam ainda que as velas acesas apresentar-se-ão sexta-feira na sacristia. Os padrinhos não podem faltar.

No sábado teremos missa especial da igreja que será rezada pelo grupo de danças Vivavida. Obrigado.

* * * * *

No dia seguinte, o sacristão tornou a avisar aos paroquianos:

Atenção, a sacristia está doente, por isso mandou-me transmitir os seguintes avisos:

No domingo São Pedro e São Paulo farão danças ao redor dos catequistas.

Sábado será o casamento do senhor vigário nas garrafas acesas.

A próxima sexta-feira cairá na quarta-feira e por este motivo Filisbino Reco e Salmonela Sabonete ficarão doentes.

Atenção, quinta-feira a água rezará missa especial nas garrafas abençoadas.

Na terça-feira as velas acesas farão procissão ao redor da igreja e os padrinhos não poderão faltar.

No domingo haverá o casamento da Vivavida com o grupo de danças. Obrigado.

* * * * *

O povo ficou tão atrapalhado que na segunda-feira foi assistir ao casamento das velas com as garrafas acesas.

Na terça acorreu em massa para assistir a doença da sacristia.

Na quarta-feira comemorou a primeira sexta-feira do mês festejando as danças do senhor vigário.

Na quinta, o grupo de catequistas ficou aceso enquanto São Pedro e São Paulo foram padrinhos da Vivavida.

Na sexta, o povo participou da procissão da igreja ao redor da Salmonela Sabonete.

No sábado, o Filisberto Reco rezou missa especial.

E no domingo o salão da igreja compareceu à bênção dos catequistas sobre as garrafas doentes.

SISTEMAS DE INFERNO

Morreu uma linda loira de olhos azuis e se apresentou a São Pedro pedindo passagem.

- Espere um pouco - disse o Porteiro Celestial.

Voltou com a ficha da loira e deu o veredicto:

- Sinto muito, mas você terá que ir para o inferno.

- Meu amigo - falou a loira - deve haver engano. Eu sempre procurei alegrar a vida, divertir as pessoas, animar os deprimidos no calor dos meus braços, mereço o céu.

São Pedro pediu licença, foi ter com o Conselho Superior, mas voltou sem mudar a sentença:

- Não tem jeito, vai ter que ir para o inferno. Mas posso dar-lhe uma mãozinha. Prefira o Inferno Brasileiro.

- Por quê?! - admirou-se a belezura. - Há vários tipos de inferno?

- Há - confirmou Pedro. - Há o Inferno Inglês, muito rígido, horários inflexíveis, dureza mesmo. Tem o Inferno Norte-americano que funciona dentro da mais alta tecnologia, calor a mil graus, combustível graduado, forno eletrônico, horários computadorizados, funcionamento perfeito o tempo todo. Tem o Inferno Africano, onde queimam o tempo todo tudo que é porcaria criando uma poluição insuportável. E tem o Inferno Brasileiro, que lhe aconselho, como bom amigo.

- Por quê?

- É que a caldeira do Inferno Brasileiro está estragada; há dez anos que não há lenha para queimar; o diabo chega às onze horas, assina o ponto, põe o paletó na cadeira, pega o salário e o décimo terceiro e vai embora, só retornando depois do carnaval, justamente para pedir férias.

- E depois das férias, ele pega firme?

- Não se preocupe, aí ele entra em greve por tempo indeterminado.

- Então lá é bom mesmo! - acalmou-se a loira.

- Nem tanto - advertiu São Pedro. - Quando você chega lá, imediatamente o Governo faz seu cadastro, cobra desde logo imposto sobre luz, calor, máquinas, territorial, energético; exige seguro contra incêndio e o Ibama lhe cobra taxa sobre a lenha consumida por prejudicar o meio ambiente, além de impostos sobre a poluição produzida pelo fogo infernal. E tem ainda o imposto compulsório sobre combustível.

- Não é tanto! - conformou-se a loiríssima.

- Tem mais o IPMF, Imposto Permanente sobre

Movimentação do Fogo.

- Dá pra agüentar!

- Até que apareça a Federação dos Sindicatos Infernizantes da Vida. Aí sim você vai ver o que é bom pra tosse. Farão você comer fogo o tempo todo.

A loirosa começou a chorar.

São Pedro aproveitou para aconselhá-la:

- Recomendo-lhe que lá você nunca chore.

- Nem isso?! Por quê?!

- Porque acrescentarão taxa sobre consumo de água.

- Desisto de ir para o Inferno Brasileiro - desconsolou-se a loiríssima. - São Pedro, que é que eu faço?

São Pedro ficou com pena:

- Vamos tentar a sorte com o Vice-presidente Jesus Cristo. Ele teve pena da Maria Madalena e com certeza dará um jeito com você também.

Foram. Não sei o que aconteceu.

POIS É

- Você sabe a quem paguei o ônibus hoje de manhã?
- Não.
- Ao cobrador.

BRIGAM QUE BRIGAM

- Eu e meu marido vivemos brigando em casa.
- Puxa vida, vocês têm idéias tão diferentes assim?
- Pelo contrário, temos a mesma idéia: ele quer mandar e eu também.

NUMEROLOGIA

- Ele, para o amigo:
- Sonhei com o número 5 e resolvi ir ao hipódromo. Casualmente, peguei o ônibus número 5, cheguei no hipódromo às 5 horas, comprei a aposta no guichê número

cinco e apostei no cavalo número 5.

- E ganhou?

- Não, ele chegou em quinto lugar.

O amigo também tinha a dele:

- Por falar em números, dizem que 13 é o número do azar. Tive um tio de oitenta anos que foi a um banquete com apenas 13 convidados e ele teve que sentar na cadeira 13.

- E morreu daí a pouco?

- Treze anos depois.

VALENTÕES

Dizia o paulista:

- Eu, só com a mão esquerda, consigo levantar 100 quilos!

O gaúcho:

- E eu, com um murro, derrubo qualquer porta.

E o nordestino:

- Eu consigo fazer andar um trem apenas com a mão direita.

- Com essa magreza, só se você fosse Deus.

- Não sou Deus mas sou o maquinista - respondeu o nordestino.

PROBLEMAS DE INSÔNIA

- Doutor - explicou o homem - sofro de insônia renitente. Não durmo de noite e nem na hora de ir para o trabalho.

- E você? - perguntou o médico ao companheiro.

- Eu durmo toda noite, toda manhã, em toda parte, só sofro de insônia dez minutos por dia.

SOLUÇÃO CIENTÍFICA

O marido chega tarde em casa e a mulher irritada:

- Que hora você chegou?

- Às dez horas.

- Mentira. Ouvi o relógio bater uma hora.

- Claro, mulher. Você queria que ele batesse também o zero?

O SOLTEIRAÇO

- Se o meu casamento está inscrito no céu, ainda não descobri em que idioma!

NA RELOJOARIA

- Quanto custa este relógio?

- Duzentos reais.

- Mas isto é uma barbaridade! E este outro?

- Duas barbaridades.

QUESTÃO DE INTERPRETAÇÃO

O ladrão, apontando o revólver para o industrial:

- A bolsa, meu senhor.

- A bolsa? Ah sim, siga por essa rua até o centro, mas a essa hora está fechada, com toda certeza.

O VIÚVO

- Olá, tudo bem? E tua mulher como vai?

- Minha mulher morreu!

- Ah, meu pobre amigo, me desculpa, eu não sabia. Meus pêsames! Desde quando viuvaste?

O viúvo, banhado em lágrimas:

- Desde a morte da minha mulher!

FOFOQUEIRO

O casal chega atrasado no comício e pergunta a alguém:

- Que horas vai terminar o discurso dele?

- O discurso já terminou, não sei porque ele continua falando.

ESSAS PAPAGAIAS!

Num convento as freiras tinham duas papagaias e, ao invés de ensinar as papagaias a falarem besteiras, as monjas ensinaram as papagaias a rezar o terço, coisa que faziam todos os dias.

Certa vez o pároco do lugar ganhou um papagaio e, como não tinha tempo para cuidar do bichinho, resolveu oferecê-lo para as freiras. Levou o papagaio na gaiola até o convento e falou com a Superiora, que aceitou a oferta:

- Tudo bem, vamos já colocar o papagaio junto com as duas papagaias.

Lá chegando, quando a papagaia viu o papagaio, falou para a companheira:

- Pode parar de rezar o terço que a minha graça eu já consegui!

DISTRAÍDO MESMO

Um sujeito muito distraído entra numa loja.

O vendedor:

- O que o senhor desejaria?

- Eu - respondeu o homem - eu, o que desejo? Esqueci-me completamente, mas não tem importância. Pode dar-me qualquer coisa que se pareça com aquilo que eu queria.

SEM É MELHOR

A dona da casa, servindo:

- O senhor prefere o café com ou sem conhaque?

- Sem café, minha senhora.

O SANTO CASAMENTEIRO

Esta do Santo Antônio é boa de contar, mas certa vez uma devota me recriminou e então passei a ter escrúpulos cada vez que relato o episódio. Como é a última vez que faço o relato, tenho certeza que a santo-antoniana vai me perdoar.

Havia na Vila Semcasar uma solteirona que já tinha dobrado o Cabo da Boa Esperança, quando soube que era só ter um santo Antônio em casa, invocá-lo com fervor, e o santo casamenteiro quebraria o galho infalivelmente.

Foi o que fez a moça. Adquiriu um glorioso santo

Antônio, levou-o para casa, adornou-lhe um nicho, acendeu velas, colocou flores e começou uma novena.

Os dias se passaram, a novena acabou, e nada. Tomada de súbito furor casamentódico, a jejuante pegou o santo Antonio e jogou-o janela afora. Por azar, o santo foi bater bem na cabeça de um moço que lá passava, levando-o a nocaute. A moça sentiu-se culpada, socorreu o viandante,trouxe-o à sua casa, passou compressas quentes, pediu mil desculpas e recebeu mil não-tem-dequê.

Resultado: se gostaram e casaram.

A moça estava radiante e entronou seu santo salvador num honroso altar.

Ocorre que o casamento não deu certo e separaram-se.

A casante foi ter com o santo inconformada:

- Veja só, meu santo Antônio, que vexame! O casamento foi pro beleléu. Eu acreditei nos seus poderes casamentícios e olha aí no que deu.Isso é um desaforo! Um atentado à minha boa fé. Garanto que você não tem essa bola toda que falam por aí. Para mim, você não é de nada, uma pouca vergonha, entendeu?

O santo casamenteiro, que até aí engulia tudo calado, não se conteve e rebateu:

- Quer saber de uma coisa? Com a força com que você me jogou, o único que pude encontrar no caminho foi esse moço!

CADA UM CADA UM

O patrão para o criado:
- Chico, consta que você está namorando a criada.
- Isto é comigo.
- Mas ela não gosta de você.
- Isto é com ela.
- Pois eu não estou gostando disso.
- Isto é com o senhor.
- Ouvi dizer que ela está grávida.
- Isto é com ela.
- Mas, o filho é seu.
- Isto é comigo.
- Acontece que eu não aceito esta situação.
- Isto é com o senhor.
- Vou mandar vocês embora.
- Isto é comigo e com ela.
- Mas, onde é que vão parar?
- Bom, isso é com Deus.

JOGO: BRASIL X ITÁLIA

Era o jogo da seleção brasileira contra a seleção italiana.

O juiz japonês Tekotuko Nakasaca chama os times, que se apresentam em trajes menores, para vexame geral.

O onze italiano alinhou com o goleiro Manhafrêgole; defesas: Brutabéstia, Esgorlabrague, Radiche e Fioidescúria; meio-campo: Baúco, Salamin e Porcapipa; avantes: Pórcocáne, Pastachiuta e Tomá Nelcul.

O time brasileiro entrou em campo com Cachaça no gol; defesas: Feriado, Carnaval, Pinga e Ressaca; meio-campo: Praia, Sombra e Cerveja; na frente: Fuzarca, Churrasco e Espetinho.

A execução simultânea dos dois hinos nacionais foi chamada de Macarronada com Feijão.

Os dois times se posicionam em campo. O juiz se atrapalha, põe o apito no meio do gramado e sopra na bola para o início da partida. Ninguém se mexe, Tekotuko pede desculpas, e agora sim começa o jogo.

Churrasco passa para Espetinho, que faz a bola cair em Cerveja. Cerveja enche o copo e perde a bola para Baúco, que olha para Porcocáne mas prefere Tomá Nelcul. Enquanto isso, Espetinho se encosta no Sombra e ambos atacam Nelcul, que perde a bola, rebola e desanda. Espetinho espeta a bola no pé e passa para Fuzarca que dá um balão fazendo a redonda morrer no Praia. Praia levanta, lava-se no mar e aí passa o Brutabéstia, toma a bola e cruza para Fioidescúria, que não sabe o que fazer e pega a bola na mão e grita Porcocáne. O juiz apita a falta e mostra o cartão amarelo para Fioidescúria, que pega o cartão, agradece e guarda-o no bolso. Tekotuko fica furioso, arranca o cartão do Fioidescúria e diz meia dúzia de arigatôs para o italiano. Segue o jogo com chute de Feriado, que passa para Carnaval, que passa para Pinga e vai parar em Ressaca. Ressaca estava dormindo no Sombra do Praia e a bola acabou nos pés de Salamin que deu um chutão farabuto contra o gol de Cachaça. Cachaça estava bebendo, não viu a cor da pelota e aproveitou para pôr o frango na sua refeição. Um a zero para a seleção macarrônica.

Saída de bola no centro. Espetinho fazia Fuzarca com o Churrasco e ninguém percebeu o primeiro gol da partida. Tekotuko xingou todo mundo em japonês e os italianos agradeceram o elogio.

Saída de bola de Churrasco ao Espetinho, que fez a pelota passar entre a porca e a pipa do Porcapipa, indo bater no Fioidescúria. Foi tão forte a porrada que amontoou o fiói em cima do escúria. O juiz parou o jogo para a maca recolher o que sobrou do fiói e do escúria.

Reiniciado o embate, Espetinho lançou-se sobre Esgorlabrague, que levantou demais a gámba, esgorlando tanto a brague que deixou de fora toda a polenta com ozéi. Tekotuko parou o jogo e chamou Esgorlabrague de tarado. Esgorlabrague não entendeu mas, por via das dúvidas, xingou o juiz de Filiolo de una Putana. O juiz também não entendeu e ficou o dito pelo não-dito em honra de são Benedito.

Bem, nesta altura, a torcida brasileira queria um gol. Ressaca criou vergonha, empurrou Carnaval para o Feriado e passou a redonda para Fuzarca. Fuzarca estava dançando com uma moreninha nas arquibancadas e gritou que voltaria a jogar no segundo tempo. O juiz decretou-o persona non grata e Fuzarca agradeceu e continuou na fuzarca. Mas a torcida ameaçava mandar os sem-terra invadir o campo se nada acontecesse de produtivo no jogo. Foi então que Churrasco se queimou, meteu a bola no Espetinho e partiu como uma bala rumo ao gol italiano. Na corrida driblou Brutabéstia, que ficou furioso como uma béstia, em seguida deu uma meia-lua no Esgorlabrague. Esgorlabrague agradeceu e guardou a meia-lua como lembrança. Espetinho pisou no Radiche, enterrou a bola no Pastachiuta respingando massa por todos os lados. Espetinho prosseguiu em desabalada até o gol. Quando Manhafrêgole quis interceptá-lo, Espetinho deu uma bicicleta e meteu a redonda no fundo do barbante. Enquanto a torcida chamava Manhafrêgolo de manhafrango, o juiz mandou retirarem a bicicleta do gramado e botou a bola no centro para o reinício.

Os brasileiros estavam eufóricos e desde logo retomaram a pelota. Cerveja molhou Salamin e teve que ouvir uns porcocáne do Porcapipa, mas conseguiu mandar a bola para o Churrasco. Churrasco estava desatento e queimou a pelota. O Praia trouxe água do mar para apagar o incêndio, mas o Juiz acabou dando cartão vermelho para o Churrasco. Churrasco queimou-se com Tekotuko, passou vinagre e sal no cartão e esfregou-o no nariz do japonês. Tekotuko cheirou o cartão, gostou do tempero, mas manteve a expulsão.

Nova saída da bola e Brutabéstia chutou para a cabeceada de Porcocáne. A bola bateu no cáne do Pórco e chegou até Pastachiuta. Pastachiuta viu Baúco dormindo no ponto e chamou-o de baúco. Baúco mandou-o para Tomá Nelcul. No meio desse imbróglio, Sombra aproximou-se sem ser visto, retomou a pelota e deu um longo passe de mágica para Espetinho. Espetinho cabeceou com tanta força que furou a redonda. Saiu um furacão de ar da pelota que atingiu Tekotuko e jogou-o no último andar das arquibancadas. A torcida brasileira agradeceu o presente e mandou-o de volta a Tókio. Superado o impasse, seguiu o jogo. Nessa altura a torcida italiana já dormia e a brasileira gritava mais um. O técnico brasileiro mandou entrar mais um mas os italianos reagiram contra, jogando Pastachiuta, Radiche e Salamin contra a torcida. O Juiz fez que não viu e a peleja foi se desenrolando sem muito atrativo, porque Feriado fazia Carnaval à Sombra do Praia com Cerveja e Pinga e bastante Ressaca. Cachaça estava no pileque. Do lado italiano, Manhafrêgole fazia festa com Salamin, Radiche e Pastachiuta em companhia de Brutabéstia e Esgorlabrague. Porcapipa não gostou, chamou os companheiros de porcocáne e mandou Tomá Nelcul. Baúco foi chamado de baúco porque era o único que tentava jogar. Tekotuko ameaçou tecutucar todo mundo com cartão vermelho. Foi aí que os dois times se lembraram que estavam jogando futebol, mas o Juiz deu por encerrado o primeiro tempo e foi descansar à sombra de um bonsai.

O início do segundo tempo foi de arripiar canela. Os jogadores estavam decididos a resolver a partida de uma vez e se atiraram de malas e bagagens na peleja, saltando cacos de chuteira e canela por todos os lados. Só depois de dez minutos os atletas notaram que não havia bola no gramado. O juiz interrompeu o jogo, pediu desculpas porque pensava que o segundo tempo sempre era jogado sem bola. Mandou entrar a pelota no gramado. A bola entrou muito contra a vontade. Praia pegou a bola, chutou mais areia que bola, mas mesmo assim a pelota alcançou Espetinho que enfiou para Fuzarca que deixou Radiche sentado no prato e foi em frente na direção de Manhafrêgole. Foi empurrado por Brutabéstia e o juiz apitou pênalti. Os italianos bateram pé e os brasileiros bateram palma. Fuzarca fez questão de chutar. Afastou-se oitenta metros e na longa corrida até a bola teve que descansar duas vezes. Mas deu um chutaço tão desastroso que ele foi e a bola ficou. O juiz mandou repetir o lance. Espetinho reclamou que Fuzarca estava com Pinga na cabeça e decretou-se chutador da penalidade. Na hora do chute deu uma espetada tão violenta que a bola passou por Manhafrêgole a trezentos quilômetros por hora, furou a rede e só foi parar quando bateu no Corcovado. Tekotuko desistiu de mandar buscar a bola porque o bondinho estava de greve e deu por encerrada a partida, com vitória memorável dos brasileiros que comemoraram com Cerveja e Pinga e Churrasco e Espetinho e Cachaça. O Governo decretou Feriado, Praia, Sombra e três dias de Ressaca para o bem do povo e felicidade geral da nação.

MAIS UMAS

OS MELHORES PREGOS DO MUNDO

Esta foi meu amigo João que me contou:

Um fabricante de pregos colocou um grande cartaz na frente da sua indústria com um Jesus crucificado e embaixo esta legenda:

PREGOS ALCOVIA

DOIS MIL ANOS DE GARANTIA.

Passou o padre por lá e falou ao industrial que a propaganda não era condizente e que devia mudar.

No dia seguinte o padre passou pela fábrica e viu um grande cartaz com Jesus caído aos pés da cruz e esta legenda:

SE FOSSEM PREGOS ALCOVIA

ISTO NÃO ACONTECIA

PERGUNTAR NÃO OFENDE

- O que é que tem cara de índio, corpo de índio, rosto de índio, perna de índio e não é índio?

- Essa eu não sei!

- A fotografia de índio.

MAL-ENTENDIDO

A freirinha foi visitar um amigo que se recuperava de cirurgia no hospital e perguntou:

- O que foi que houve?

- Me tiraram dois terços do estômago.

- Dois terços! Santo Deus! Como é que o senhor foi engulir os dois terços?!

NÃO BRINQUE COM MORTO

Essa eu li num livro de Rajneesh e conto do meu jeito:

Certo sujeito estava enterrado em dívidas e não tinha como pagá-las. Todo santo dia os credores batiam à sua porta com contas a receber e o sujeito despedia todo mundo de mãos vazias. A coisa complicou tanto, que começaram a surgir violentas ameaças de morte. O homem estava apavorado e foi consultar um advogado, que lhe deu uma sugestão: "Só existe um jeito de você escapar dessa complicação: simule que você morreu e metase no caixão. Todo mundo pensará que você está morto e os credores o deixarão em paz; então fuja para outra cidade."

O homem aceitou a idéia e no dia seguinte estava sendo velado na sua casa.

Amigos e parentes apareceram para dar-lhe o último adeus.

Apareceram também os credores. O primeiro estava desanimado com a perda do dinheiro, mas amainou a raiva diante do defunto. O segundo perguntou se não havia deixado dinheiro. Não havia deixado nada. Conformou-se. O terceiro ia xingar o defunto mas resolveu fazer o sinal da cruz e perdoar. Já o quarto credor não só aceitou a desgraça como pediu que Deus tivesse pena daquele pilantra. Mas o quinto credor entrou na sala de cara feia, sacou do revólver e gritou:

- Seu caloteiro, eu sei que você está morto, mas mesmo assim quero ter o prazer de furar o teu couro à bala!

O morto saltou do caixão num pulo e bradou:

- Espera aí, que pra você eu pago tudo!

POR FALAR EM MORTO

Morreu o sócio da firma e a filha foi ter com o pai:

- Paizinho, meu noivo não poderia ocupar o lugar do teu sócio que morreu ontem?

- Olha, minha filha, poder até que ele podia, mas não sei se a agência funerária concordará com a troca!

O SONHO DO MOÇO

- Meu sonho - dizia aquele jovem - é ganhar um milhão de dólares na loteria como o meu pai.
- Seu pai ganhou um milhão de dólares na loteria?!
- Não, mas este sempre foi o seu sonho.

SEGREDOS

- Estou chateado com você.
- Por quê?
- Por que você foi dizer para o Antunes que eu sou burro.
- Ah, desculpe, eu não sabia que era segredo!

DIZQUE DIZQUE

- Eu não lhe disse que não dissesse a ninguém aquilo que lhe disse que não dissesse que eu disse?
- Mas eu não disse que você me disse que não dissesse.
- Pois então agora desdiga que eu disse que você dissesse que eu disse que você não dissesse.

CLARO QUE NÃO

- Oscar, eu não acredito que você seria capaz de casar com uma garota só porque ela é filha de milionário!
- Claro que não, mas também eu não iria cometer a maldade de deixá-la morrer solteira só porque é rica.

DEPRÊ AGUDA

O francês Macambúzio Des Animeaux, estava na pior tão pior que se queixava até da própria sombra, por ser escura, inodora, pervicaz e grudenta que nem carrapato.

- Estou só e mal-acompanhado! - queixava-se ele para quem quisesse ouvi-lo. - Me convidaram para pertencer a um clube, mas jamais freqüentarei um clube tão irresponsável que aceita como sócio um sujeito como eu. Estou em tão baixo astral que já nem mais me chamam de estrela-cadente, mas de chão-de-estrelas. Quando o doutor disse que eu estava no fundo do poço, consoleime porque ainda tinha um poço. Mas devo confessar que meu caso é tão sério, que a própria depressão, quando me viu, perdeu a seriedade e chorou de dó. Recusei o Prozaque, porque não sou pró zaque nem pró coisa nenhuma. Agora me mandam usar a flor-de-são-joão. Respondi que se a flor-de-são-joão fosse tão eficaz, por que deixou são João perder a cabeça? Meus amigos me perguntam sobre depressão e lhes digo que depressão não tem nada a ver com algo de pressão e nem coisa de preção alto. Depressão é uma garoa molhada inodora de sabor sem cheiro insípida cor de burro quando foge, que faz que vai mas não vai, inafiançável, murrinhenta, de índole ferruginosa provocada pela reação química descolorante que decompõe os átomos fúfios do negativismo pervigil. Se você não entendeu, dê graças a Deus: você não sofre de depressão.

Às vezes me dá vontade de trancar-me no quarto, mas não adianta nada porque a depressão não aceita ficar lá fora. Experimentei lavá-la por fora, jogando-me na água fria, mas a desgraçada sabe nadar. Então usei a estratégia de afogá-la por dentro e tomei meio barril de água. Não adiantou: a danada flutua. Segui também o conselho de tomar um baita purgante a fim de empurrá-la para fora na marra. A sabidona escondeu-se no cérebro e eu perdi tempo e papel higiênico. Já um tanto quanto desanimado das receitas, experimentei a última: comer um biscoitinho para cada página que eu lesse sobre pensamento positivo. Maravilha, os biscoitinhos me curaram!

ASSUNTOS DE MÃE E FILHO

Na hora da sobremesa, a mãe:

- Zezinho, é falta de educação pegar a fatia maior do bolo.

- Qual é a fatia que a senhora ia pegar?

- A menor, é claro - respondeu a mãe.

- Taí, adivinhei. Já deixei ela pra senhora.

Depois de instantes, a mãe, de novo:

- Zezinho, não se come com a boca aberta!

- Mãe, se eu fecho a boca como é que meto a comida dentro? Por falar nisso, hoje eu vi um animal comer com o rabo.

- Que mentira! - exclamou a mãe.

- Verdade, mãe. Era um cachorro.

- E cachorro come com o rabo, meu filho?

- Claro, mãe, porque ele não tira o rabo para comer.

O garoto sorriu vitorioso e continuou:

- Hoje me contaram no colégio uma piada muito

pesada e suja.

- Que horror! É isso que se aprende no colégio?!

- Não vejo nada demais: era a piada do hipopótamo deitado na lama.

- Meu filho, deixe de bobagem e coma o seu doce.

- Mãe, doce se escreve com cecedilha ou dois ésses?

A mãe pensou um pouco e resolveu:

- É melhor você comer aqueles dois bombons que estão na sala.

ESSA GENTE É FOGO

QUE GRIPE!

Dizia aquele sujeito:

- Tive uma gripe tão forte que me atacou as vistas.

O outro, muito admirado:

- Atacou as vistas?! E como é que fazia para espirrar pelos olhos?

DOENÇA COMPLICADA

A mulher para o médico:

- Doutor, não me sinto bem, mas não sei onde me dói. É uma dor que não parece dor, mas chega de repente, não se sabe quando e nem onde, desaparece de mansinho não sei em que momento mas deixa seqüelas não sei bem onde e nem como.

O médico:

- Aqui tem o seu remédio, não sei bem para que é nem quando se toma e nem como, mas é bom para não deixar seqüelas naquele momento em que sua dor desaparece não sei bem de que jeito e nem onde e nem como.

MAL-ENTENDIDO

- Papai, o senhor é um pássaro?
- Não, por quê?
- Porque ontem ouvi a mamãe dizer que ia lhe cortar as asas.

SOLUÇÃO À PROVA DE PINGA

- Sabe, Joaquim, vou ter que deixar de beber mesmo!
- Não me diga! Por quê?
- Vejo tudo em dobro, cara.
- Isso não é motivo. Faça como eu: feche um olho.

OUTRA DE BORRACHO

O sujeito bebeu além da conta e saiu para a rua à procura de um táxi. Encontrou um marinheiro muito bem uniformizado e confundiu-o com um guarda.

- Seu guarda, me chame um táxi.
- Não vê que sou um marinheiro?
- Então chame um barco.

ISSO É OFENSIVO

Um careca, querendo fazer humor, diz para um senhor de cabelos brancos:

- Caiu muita neve no seu telhado, não é?
- Realmente. E do seu, voaram todas as telhas?

SACANAGEM

Comprador - Por que você não me falou das goteiras quando me vendeu a casa?

Vendedor - Não se preocupe, meu amigo. Isso só acontece quando chove.

É VERDADE

Tripulante - Vejo que você está com enjôo de mar. Quer que lhe traga alguma coisa?

- Sim, por favor me traga terra firme.

QUESTÃO DE INTERPRETAÇÃO

Delegado - Como é que você roubou essa aliança?

Sujeito - Eu não roubei, seu delegado. Me deram. Veja o que está gravado: "Tua Para Sempre".

AVIÃO PERDIDO

- Alô, avião PPX2, se está me ouvindo balance as asas.

- Alô, torre. Estou ouvindo. Se vocês estão me ouvindo, favor balançar a torre.

BOA MEMÓRIA

- Mas então o senhor não me conhece mais? Eu sou a viúva do Capitão Reis.

- Ah sim, queira me desculpar. E o capitão Reis como é que vai?

MUITO FRACO MESMO

O médico, no Posto de Saúde, para o doente:

- Diga trinta e três.

- Não posso, doutor. Estou tão fraco que só consigo dizer quinze.

TAMBÉM ACONTECE

Delegado - Como é seu nome?

O sujeito - Cinco e Meio Puro Feltro com Algodão da Silva.

Delegado - O quê?! Isso é nome?

Sujeito - Também acho que não, mas vou lhe contar o que aconteceu: quando eu nasci, meus pais não sabiam que nome me dar e então encheram um chapéu com nomes escritos em pedacinhos de papel. Meu avô, encarregado de tirar um papel, por engano tirou a etiqueta do chapéu e deu nisso aí.

SÓ ELE NÃO ENTENDEU

O médico ao alcoólatra:

- Meu amigo, saiba que o álcool vai acabando com sua vida aos poucos.

- Mas eu não tenho pressa de morrer, seu doutor!

É VERDADE

Dizia a madame que conduzia um sublime cão de raça:

- Isto é que é cachorro! Tem até árvore genealógica!

- O meu é melhor - respondeu a amiga. - Para ele serve qualquer árvore!

NA DÚVIDA, ACOSTAMENTO

O guarda, para o motorista que bateu no carro de uma mulher:

- Meu senhor, não sabe que deve deixar sempre metade da rua para a mulher passar com o carro?

- Eu sei. O problema é adivinhar qual a metade que ela vai usar.

O VENDEDOR DE BICHOS

Dizem que esta aconteceu no Matogrosso, mas os matogrossenses garantem que foi no Amazonas. Não importa, a ordem dos fatores não altera o produto.

Um caipira foi à praça vender dois canários, um velho, depenado, jururu e outro novinho em folha, cantador como ele só.

Chegou um comprador e pediu o preço.

- Pelo mais velho quero quinhentos reais e pelo cantador eu quero duzentos reais.

- Sim, você quer dizer o contrário, não é mesmo?

O caipira insistiu:

- Não sinhô, o mais velho custa quinhentos e o mais novinho custa duzentos.

- Você está doido! - xingou o comprador. - Onde já se viu pedir quinhentos reais por esse canário velho, jururu, depenado e duzentos pelo lindo canarinho cantador!

- É que o mais velho é o compositor das músicas que o mais novo está cantando!

Feita a venda, o caipira sumiu e horas depois voltou para vender um papagaio e um peru.

- Quanto custa? - perguntou uma senhora que passava pela praça.

- O papagaio custa duzentos reais e o peru quinhentos.

- Você quer dizer o contrário - corrigiu-o a matrona.

- Não sinhora, esse é o preço mesmo.

- O que?! - berrou a mulher. - Pelo papagaio colorido, falador, você pede duzentos e quer quinhentos por um simples peru?!

- Minha senhora, o papagaio fala, mas o peru pensa, por isso é mais caro.

A mulher levou os dois bichos. O caipira desapareceu.

Horas mais tarde, lá estava o caipira de novo na praça, dessa vez vendendo um belo papagaio.

- O bicho fala? - perguntou um interessado.

- Fala coisa de louco! - exclamou o caipira empolgado. - Quando você levanta a pata direita ele fala inglês; se levanta a pata esquerda ele fala italiano.

- E se eu levanto as duas patinhas?

- Aí eu caio, seu idiota! - xingou o papagaio.

O homem aproximou-se do bicho e disse:

- Dá o pé, loiro!

O papagaio resmungou aborrecido:

- Eu não tenho pé, tenho pata; e não sou loiro, sou

verde, seu burro!

- Vai pro inferno! - berrou furioso o homem.

O papagaio retrucou:

- Não vou não porque não quero me encontrar com você!

- Esse bicho não obedece - reclamou o interessado.

- Claro que obedece - respondeu o vendedor. - A gente diz para ele: “Vem ou não vem?” e o papagaio imediatamente vem ou não vem. É muito obediente.

Dessa vez não saiu negócio. Quando o caipira conseguir vender o seu louro, voltaremos para ver que outros bichos ele trará.

O HOMEM QUE NÃO SABIA RIR

Incrível, mas ele só mostrava os dentes para comer. Rir, para ele, era crime de lesa-majestade, merecia prisão perpétua. Cada vez que alguém ria na frente dele, o homem tinha ataques parabólicos. Oferecer-lhe um sorriso era pior que suborno. Aquela vez que um amigo lhe contou uma anedota, ele chorou de dó do ignorante.

Naquele dia em que o padre contou um episódio humorístico do Papa João XXIII, o homem ficou tão irritado que demitiu o papa, rebaixando-o a mero vigário de arrabalde e fechou a Igreja para sempre.

Pior que ofender a mãe, era falar a palavra riso diante dele. O homem subia pelas paredes e não descia antes da meia-noite.

Uma vez um infeliz desavisado contou-lhe a piada daquele sujeito apaixonado que provou seu amor pela mulher atravessando o deserto do Saara, escalando o Everest, cruzando a nado o rio Amazonas e percorrendo a pé todo o litoral brasileiro, mas mesmo assim ela pediu divórcio alegando que ele nunca estava em casa - o homem ao final do relato chorou copiosamente com pena do sacrifício do andarilho e com dó da solidão daquela pobre mulher.

Quando disseram ao chorão que os geógrafos e os bêbados estão de acordo com a teoria de que a Terra gira, o homem meteu-se a estudar Geografia para provar que aquilo não era piada.

Depois de proclamar que a vida é uma cebola que descasca chorando e que o riso produz efeitos colaterais de alta periculosidade, o homem encerrou o papo dizendo que o inferno está cheio de gargalhadas.

Um dia, o homem entrou por acaso num teatro onde se apresentava um humorista. Foi um choque catatônico. Enquanto o povo ria, ele chorava. No final, o povo bateu palmas e ele bateu em retirada. Enquanto todos davam os parabéns ao humorista, ele foi dar os pêsames. Rir, para ele, era o pior remédio. Pior que purgante para ataque cardíaco. Segundo ele, rir era dar razão a Darwin de que o homem descende do macaco. Aliás, numa palestra para curar o riso das pessoas, ele falou que nem os animais riem. Rir – atacava ele - é ato tão ignorante que a pessoa só sabe dizer uma única letra quando ri: "Ah, ah, ah, ah, ah!" O cachorro é muito superior - segundo ele - porque pelo menos sabe usar duas letras: "Au,au,au,au!"

Quando argumentaram que rir é o melhor remédio, que promove a saúde, ele revidou que é o contrário, é doença fulminante, porque por toda parte se vêem pessoas dizerem que morreram de rir.

Para encurtar a conversa, a única vez que o homem riu foi quando lhe disseram que a Receita Federal ia cobrar imposto de renda sobre o riso, de acordo com a avaliação do tamanho, cor e peso: sorriso pagará alíquota de 5%; riso pagará 10%; gargalhada pagará alíquota de 20%; risada importada subirá para 22%, com isenção para os países do Mercosul; riso amarelo tem desconto; riso cor de burro quando foge paga em dobro; risoto, por ser riso comestível, não tem imposto; rizicultura, que é o cultivo do riso, tem imposto descontado na fonte.

Ao saber dessa taxação, o homem desflorou seu primeiro sorriso insípido de sabor sem cheiro, mas em seguida pediu desculpas e fez dois anos de risoterapia. Moral da história: Não adianta levar a vida tão a sério porque você não vai sair vivo dela.

ALTA CULINÁRIA

ASSADO POLÍTICO

Primeiramente prepare-se lavando a gamela suja dentro do partido; depois, ponha as mangas de fora e mande brasa.

Tome dez quilos de lombo. Dê-lhe pau no lombo durante quatro anos, para amaciar os mais duros e renitentes. Acrescente forte dose de papo-furado. Ponha algumas pitadas de oposição. Tempere com um pouco de situação para não queimar o assado.

Meta a colher na panela do Estado. Mexa até retirar a sua casquinha e entre em recesso. Feito isso, puxe novamente a brasa para o seu assado. Queime em fogo brando verbas federais. Continue a cozinhar em alta fidelidade partidária. Agora aplique vinagre e sal grosso até o lombo corcovear. Dê, a seguir, um toque pessoal, derramando meio quilo de corrupção no molho. Para não passar do ponto, salpique oportunas doses de verborréia a favor e contra o assado. Espere a reação e então acrescente lobbys e filantropias ao molho pardo. Enquanto o assado recebe emendas e recheios, torre a paciência do povo no forno, à parte, e depois misture à passoca do mandato. Este é o momento adequado para jogar todas as promessas no fogo. Vire e revire o lombo na brasa para que nada fique sem ser chamuscado.

Deixe ferver por quatro anos e depois sirva tocando piano na Assembléia, sem esquecer de reservar dez por cento para si, que, afinal, é o autor do projeto.

O QUE A MEDICINA EXPLICA

Numa sessão coletiva, o doutor Macário procurava resolver os problemas de todo mundo.

- Doutor - começou a velhinha - sofro da gota. Posso tomar banho de rio?

- Pode - respondeu o médico - uma gota a mais não vai provocar enchente.

- Doutor - quis saber uma jovem - o que é a coluna vertebral?

- É a parte do corpo em que de um lado você assenta a cabeça e do outro assenta você.

O ancião lá do canto criou coragem e falou:

- Doutor Macário, um cão mordeu-me o dedo.

- E você desinfetou-o?

- Não, ele fugiu em seguida.

Agora um homem inquieto aproveitou para desfazer sua preocupação:

- Doutor, desde que fui operado, ouço vozes, risadas, insultos, de tudo.

- Puxa vida! - exclamou o médico - Vai ver que costurei a operação com fio telefônico. Mas não se preocupe, no primeiro mês que você deixar de pagar a conta, eles desligam.

- Com licença, doutor - intrometeu-se uma senhora de meia idade. - O senhor me mandou tomar três colheres de sopa do remédio Curassim, mas não é possível.

- Por que não? - surpreendeu-se Macário.

- Porque lá em casa só temos duas colheres.

- Qual é o meu problema? - arriscou a velhinha da cadeira de palha.

- A senhora precisa de fósforo.

- Mas doutor - assustou-se a veneranda - eu mal posso mastigar e o senhor me manda comer pauzinhos?

O velhinho ao lado tomou a palavra:

- O senhor também me receitou fósforos.

- E você o que fez?

- Deixei de usar isqueiro.

- Doutor Macário - afligiu-se um senhor - estou sofrendo das faculdades mentais.

- Calma, meu amigo. Qual foi o louco que falou isso?

- Eu mesmo. E o pior é que tenho uma insônia que não meu deixa dormir. Me dê um remédio.

- Vou lhe dar um remédio para trinta dias.

- Trinta dias?! Mas eu não quero dormir todo esse tempo!

O doutor não agüentou mais:

- Por hoje é só. Até a próxima.

COISAS DO CASAMENTO

Encontraram-se o Furdúncio e o Maromba. Conversa vai, conversa vem, e o Furdúncio exclamou:

- Sabe, minha mulher é um anjo.

- Que sorte você tem - respondeu o amigo. - A minha ainda está viva.

- Isso é negativismo! - reclamou Furdúncio.

Mas Maromba continuou:

- No outro dia, ela se queixou para mim: "Pois é, Maromba, antigamente você dizia que eu era o mundo para você!"

- E você?

- Respondi que era verdade, só que depois eu tinha estudado geografia. O problema é que quando brigamos, ela fica histórica.

- Você quer dizer histérica, não é?

- Não, quero dizer histórica mesmo, porque ela começa a lembrar todos os meus erros, com data e horário precisos. Você sabe por que Cristóvão Colombo descobriu a América?

- Não.

- Porque não era casado, do contrário a mulher dele ia ficar azucrinando o tempo todo: "Aonde é que você vai? Com quem? Quantos dias vai ficar fora? Por que não me leva junto? Tem mulher metida nessa viagem? E não me diga que essa sirigaita, essa tal de Isabel, vai lhe dar três barcos em troca de nada, hein?"

- Como você é exagerado! - repreendeu-o Furdúncio.

- Você sabia que, segundo as estatísticas, está calculado que o homem fala em média 20.000 palavras por dia e a mulher 40.000?

- Não vejo nada demais!

- Acontece que às oito da noite eu nem cheguei à metade da quota e a minha mulher já passou da terceira dose de 40.000. Minha mulher é tão inteligente que, outro dia, quando passávamos por um enterro, perguntei-lhe: "Quem é o morto?" e ela me respondeu: "O que vai dentro do caixão."

Furdúncio tentou melhorar o azedume do amigo:

- Sabe de uma coisa? Se Deus fez alguma coisa melhor do que a mulher, guardou só para ele.

Maromba rebateu:

- Se o casamento fosse assim tão bom, não precisaria de testemunhas!

Furdúncio encerrou o papo:

- Meu amigo, casamento é como gripe: aspirina do amor e cama, resolvem tudo.

O PADRE DO INTERIOR

O Bispo ia falar numa reunião de padres e, para chamar a atenção, começou assim:

- Antes de tudo, quero dizer-lhes que estou apaixonado.

Num segundo, todos os padres voltaram os olhos atentos ao conferencista, que prosseguiu:

- Ela é bonita, jovem, bem-educada e fascinante.

Um murmúrio de assombro percorreu o auditório.

- Mas acalmem-se que não tenho nenhum problema de vocação. Estou falando de Nossa Senhora.

Todos riram.

O padre Fidêncio gostou da idéia e quis usá-la para chamar a atenção dos seus irrequietos paroquianos.

Subiu ao púlpito e começou:

- Meus irmãos, confesso-lhes que estou apaixonado.

Uma zoada de desaprovação fez-se ouvir nos bancos.

- Ela é bonita, jovem, bem-educada e fascinante.

O povo estava calado e perplexo.

- Mas não se preocupem porque ela se chama...se chama....puxa vida, esqueci o nome dela!

No dia seguinte o bispo transferiu padre Fidêncio para a mais distante paróquia do interior.

Chegando lá, padre Fidêncio escreveu para o bispo e foi levar a carta ao Correio.

Encontrou um grupo de garotos jogando futebol na praça e perguntou:

- Onde é que fica o Correio?

- Seu padre - disse um deles - siga em frente, dobre na esquina e entre naquela casa amarela ao lado da outra amarela.

O padre aproveitou para fazer um convite:

- Venham hoje na minha igreja que vou ensinar-lhes o caminho do céu.

- Mas, seu padre - exclamou um garoto - se o senhor não sabe nem o caminho do Correio como é que vai saber o caminho do céu?

Padre Fidêncio sorriu e perguntou:

- Garanto que você não sabe como morreu Jesus Cristo.

- Morreu?! - exclamou penalizado o pequeno - Nós nem sabia que ele estava doente!

- E você sabe ao menos fazer o sinal da cruz?

- Olha, seu padre, as palavras eu sei, só não sei esparramá elas na cara.

- Vocês são católicos?

O garoto que tinha a bola na mão, respondeu:

- Eu sou. Lá em casa tem um santo na parede. Não sei bem se é são Jorge do cavalo ou se é são Cavalo do Jorge. Mas o santo tá lá.

- Você sabe onde está Deus? - indagou Padre Fidêncio, olhando para o menino de cinco anos.

- Tá no banheiro da minha casa - respondeu de imediato o pequeno.

- Como assim?! - espantou-se o padre.

- É sim, seu padre. Eu sei porque todas as manhãs quando meu pai quer entrar no banheiro, ele exclama: "Ai, meu Deus, você ainda está aí?"

Padre Fidêncio riu à vontade, deu um tiau, e foi ao Correio.

CLONAGENS E CRUZAS

Clonaram uma célula de aranha numa mulher e deu mulher-aranha.

Uma célula de rã num salva-vidas e resultou num homem-rã.

Uma bala de fuzil num campeão de corridas e de um homem-bala.

Uma célula de cabra num homem desdentado e saiu o chupa-cabra.

CRUZA

CRUZA de boi com fogos-de-artifício deu boitatá.

De porco-espinho com minhoca = arame farpado.

De papagaio com televisor = papagaiada ao vivo e a cores.

De cabo do exército com gelo = cabo frio.

De elefante com edifício inacabado = elefante branco.

O DIA EM QUE QUEBRARAM A PORTA DO CÉU

Certa vez, houve uma catástrofe muito grande na terra e, de repente, São Pedro se viu diante de um enorme congestionamento à porta do céu.

Muita gente queria entrar ao mesmo tempo. Algumas pessoas, com a ficha mais pesada que tonel de chumbo, faziam a maior arruaça para furar a entrada naquela confusão total.

Resultado: quebraram a porta do céu.

São Pedro ficou preocupado, porque era a única via de acesso ao paraíso. Imediatamente abriu Concorrência Pública para o conserto da porta.

O primeiro que se apresentou foi o Português.

- Consertarei essa porta num prazo mínimo de tempo.

- Quanto vai custar? - perguntou Pedro, que era também Ministro das Finanças Celestiais.

- Barato - respondeu o Português. - Apenas 3.000

dólares: mil dólares de mão-de-obra, mil de material e mil de lucro.

São Pedro tomou o livro da Economia Celestial e registrou a proposta do Português.

Pouco depois, chegou o Norte-americano. Com sua lustrosa pasta de executivo à mão, solicitou audiência e se apresentou:

- Consertarei a porta celestial com a mais moderna tecnologia. Terá computador acoplado e detector de mentiras que facilitará o acerto de contas com os passageiros da eternidade.

São Pedro ouviu tudo atentamente e quis saber o valor do orçamento.

- Preço especial - sorriu o Norte-americano. - Apenas 6.000 dólares: dois mil de material, dois mil de mão-de-obra e dois mil de lucro.

São Pedro mais uma vez pegou o livro oficial da Economia Divina e registrou a proposta do Norte-americano.

Nem bem saíra o Norte-americano e chegava sorridente, cantando um sambinha de carnaval, o Brasileiro.

- Olá, meu amigo síndico celestial!

- Não sou síndico, senhor! - respondeu sério São Pedro.

- Seria, por acaso, o capataz da Estância Divina?

- Sou Pedro, Ministro da Economia do Paraíso.

- Muito prazer - cumprimentou-o o Brasileiro. - Sempre achei que o título de Porteiro do Céu não lhe caía bem. Informarei os terráqueos sobre seu legítimo cargo. Pois eu fiquei sabendo que a porta de entrada do céu está com sério problema. Pode ficar tranqüilo, que a consertarei com precisão genealógica.

- Qual é o custo? - indagou São Pedro.

O Brasileiro sorriu:

- Não esquente a cabeça. A gente se entende. Afinal, somos amigos aqui e na terra, não é mesmo?

- Acontece que esta é uma Concorrência Pública e devo anotar sua proposta para apresentá-la ao Sr. Jesus Cristo, Presidente Celestial em exercício, com direito à sucessão.

- Sou muito amigo do Senhor Jesus Cristo, inclusive tenho uma fotografia dele no meu escritório. Sempre votei nele e sigo suas sábias determinações. Não se preocupe, meu caro amigo São Pedro. Depois a gente se entende. Posso fazer o trabalho?

- Já lhe disse que todas as propostas devem ser registradas no livro da Economia Celestial e o sr terá que oferecer seu orçamento.

- Está bem, está bem - concordou o Brasileiro. – Para não dizer que não cobro nada, minha proposta fica por apenas 9.000 dólares, só isso!

- O quê?! - espantou-se o Ministro da Economia Celestial. - É muito dinheiro!

- Calma, calma, meu amigo!

Chamando Pedro à parte, o Brasileiro cochichou-lhe:

- Nove mil dólares, certo, mas negócio seguinte: três mil dólares para mim, três mil dólares para você, São Pedro, e três mil dólares para o Português fazer o serviço pra nós, está bem?

ATRAPALHOS DA ESPERTEZA

O Zenoel e o Zequim caíram de um edifício muito alto. O Zenoel estava tão fraco que morreu de fome pelo caminho. Mas o Zequim chegou impávido e incólume no rés-do-chão. Os passantes foram correndo perguntar-lhe:

- O que houve?

- Não sei, acabo de chegar - respondeu o Zequim.

Mas o Zequim ficou estonteado e perguntou para uma velhinha:

- Por favor, hoje é quarta ou quinta-feira?

- Não sei, não sou daqui - respondeu a velhinha.

Mesmo assim, meio vesgo das idéias, Zequim entrou num edifício e tomou o elevador.

- Que andar o sr vai? - perguntou o ascensorista.

- Qualquer um. Já errei de prédio mesmo.

Ao voltar para a rua, Zequim viu passar o enterro do Zenoel e exclamou compungido:

- Podia ter sido eu!

- Não seja por isso - gritou o Zenoel. - Cedo-lhe o meu lugar com muito prazer.

Zequim ficou surpreso:

- Mas você não é morto?

- Sou morto mas não sou burro - sentenciou Zenoel.

Com medo que lhe metessem paletó de madeira, Zequim retirou-se às pressas. Por azar, foi assaltado mas deu um tiro no traseiro do atrevido para ele ver o que era bom pra tosse. Contou o fato para o amigo Zeantonio, que o aconselhou:

- Agora, Zequim, dá no pé!

Zequim não teve dúvida: deu um tiro no pé dele mesmo. A dor fez com que estranhasse a sugestão do amigo da onça.

Encontrou, na rua, Zeraldo, que lhe cobrou velha dívida:

- Zequim, me desculpe, mas o banco não quis pagar o seu cheque.

- Pois, se o banco, que tem grana, não quis pagar, imagine eu que estou zero quilômetro.

- Você não paga dívidas? - reclamou o Zeraldo.

- Dívida velha eu não pago.

- E as novas?

- Bem, as novas eu deixo ficarem velhas.

- Mas não paga dívida nenhuma? - assustou-se o credor.

- Para dizer a verdade, só pago dívida de gratidão.

Inconformado, Zeraldo saiu xingando o companheiro.

Mais adiante, Zequim encontrou-se com seu amigo Zebibate, que o recriminou:

- Zequim, ontem você andava tão bêbado que vendeu a catedral metropolitana.

- E daí? - deu de ombros Zequim. - Que você tem com isso?

- Tenho, pois fui eu que comprei.

- Isso não é nada - consolou-o Zequim. - E eu que paguei três mil dólares para uma viagem turística ao Reino dos Céus e até agora não me chamaram.

- Mas vão lhe chamar, com certeza.

- Você acha que vão me chamar?

- Sim, vão lhe chamar de songamonga.

ÍNDICE

OUTRAS OBRAS DO AUTOR

O PODER INFINITO DA SUA MENTE

315ª EDIÇÃO
(192 páginas)

Lançado em 1980, esta obra tornou-se, desde logo, um dos maiores best sellers do Brasil. Já traduzida em várias línguas, continua sucesso em outros países.

O autor ensina, de forma simples e profunda, as pessoas a usarem as forças interiores, para resolver os problemas e alcançar os grandes objetivos da vida.

O PODER INFINITO DA ORAÇÃO

82ª EDIÇÃO
(184 páginas)

Aqui, você vê o outro lado da oração: a força infinita, nela contida, que produz a cura de doenças incuráveis; que produz a solução de problemas insolúveis; que abre caminhos inimagináveis; que realiza o milagre; que evita o acidente; que acalma o espírito; que protege no perigo. (Lançamento: 1988)

CONHECE-TE E CONHECERÁS O TEU PODER

23ª EDIÇÃO
(184 páginas)

A melhor e mais completa obra de auto-conhecimento, analisando a dimensão total do ser humano: corpo, mente, espírito, divindade, coração emocional, paranormalidade. Ainda: o homem em interação com a humanidade, com o universo e com Deus. (Ano de Lançamento: 1991)

AS REGRAS DA FELICIDADE

16ª EDIÇÃO
(160 páginas)

Apresenta os 32 princípios essenciais que formam o caminho simples e seguro para você viver a felicidade que sempre buscou.

Leia este livro e dirá que a vida é realmente uma festa.

(Ano de lançamento: 1992)

VOCÊ TEM O PODER DE ALCANÇAR RIQUEZAS

43ª EDIÇÃO
(222 páginas)

Aqui você encontrará o caminho da riqueza, o mapa da mina e a chave do Tesouro Infinito. De forma simples, clara e fácil, os 10 passos para você conseguir tudo o que deseja da vida.

O trabalho constrói; o pensamento enriquece.

(Lançamento: 1986)

OS PODERES DE JESUS CRISTO

40ª EDIÇÃO
(278 páginas)

Sucesso extraordinário. Uma obra maravilhosa. Capítulos: Chegou a era de Jesus – Fenômenos que marcaram o aparecimento de Jesus – As fontes dos poderes de Jesus – A manifestação dos poderes de Jesus – Métodos de cura usados por Jesus – A fé é o mais poderoso método de cura – Os fenômenos paranormais ou sobrenaturais – Profecias e predições do futuro – Jesus transmite os seus poderes.

(Lançamento: 1982)

SÓ O AMOR É INFINITO

18ª EDIÇÃO
(272 páginas)

Este é o ROMANCE que você nunca esquecerá.

Você percorrerá uma história cheia de ternura, de idealismo... de conflitos, de paixões e de generosidade.

No campo da literatura – é uma obra-prima. Adquira hoje mesmo e certifique-se desta verdade.

(Lançamento: 1988)

O PODER INTERIOR

66ª EDIÇÃO
(102 páginas)

Nesta obra, a pessoa percorre 40 dias no deserto místico de si mesma, para alcançar a saúde física, mental, emocional e espiritual. Durante 10 dias, são feitas meditações para a libertação dos males da mente...

Nos 10 dias seguintes, libertar-se-á dos males do coração.

Nos outros 10 dias, dedica-se a debelar os males do corpo.

Nos últimos 10 dias, encontra a alegria de viver.

(Lançamento: 1982)

O PODER DO JOVEM

72ª EDIÇÃO

(128 páginas)

Este é um livro fantástico para o jovem. Leva-o a enfrentar a vida com fé, com otimismo, com segurança e com a firme certeza das suas qualidades e do seu sucesso. Resolve os problemas que mais angustiam a juventude e exerce uma força todo-poderosa sobre a mente do jovem, conduzindo-o a ser um vitorioso na vida, na profissão, no amor, em tudo.

(Lançamento: 1982)

A CURA PELA PALAVRA

50ª EDIÇÃO

(220 páginas)

Obra apreciadíssima. A Cura Pela Palavra é uma força todo-poderosa, capaz de libertar você de doenças e dificuldades.

Lembre-se que você também tem o poder de realizar o seu próprio milagre.

(Lançamento: 1984)

O PODER DA INSPIRAÇÃO

30ª EDIÇÃO

(90 páginas)

Neste livro, Lauro Trevisan publica poesias maravilhosas, todas elas encerrando mensagens positivas, de poderosa energia vital.

(Lançamento: 1982)

OS OUTROS PUDERAM VOCÊ TAMBÉM PODE

34ª EDIÇÃO

(204 páginas)

O título já explica o conteúdo. Nesta obra são apresentados muitos depoimentos de pessoas que alcançaram, através da fé, usando as leis mentais, a cura de doenças graves e a solução dos seus problemas financeiros e de amor.

(Lançamento: 1985)

PÉTALAS DE VIDA

23ª EDIÇÃO

(116 páginas)

Cada mensagem é como a flor que embeleza a sua alma e perfuma a sua estrada, tornando feliz o seu viver.

Cada página contém uma mensagem sábia e poderosa, em forma de versos.

As ilustrações coloridas embelezam ainda mais este bonito livro.

(Lançamento: 1982)

PENSAMENTOS DE VIDA E FELICIDADE

32ª EDIÇÃO

(88 páginas)

Este livro encerra uma coletânea de pensamentos positivos e poderosos extraídos de programas radiofônicos realizados na Hora da Ave-Maria. É uma fonte perene, na qual você beberá vida e felicidade, sempre que quiser.

(Lançamento: 1981)

AS CRIANÇAS QUE FIZERAM O TEMPO VOLTAR

17ª EDIÇÃO

(110 páginas)

Esta é mais uma obra infantil, lançada em 1984. Enorme sucesso. É uma história gostosa, cheia de encantamento, de fantasia, de ternura e de maravilhosos ensinamentos positivos para a criançada.

NO REINO DA PATA LECA

15ª EDIÇÃO

(80 páginas)

Este livro, todo cheio de páginas coloridas, é um encanto para a garotada. Todo escrito em versos simples e fáceis, letras grandes, conta uma história fascinante, que tanto vem agradando a criançada.

(Lançamento: 1982)

VIAGEM A DOIS PLANETAS

16ª EDIÇÃO
(60 páginas)

Você, que gosta de ler Saint-Exupéry, Richard Bach e outros semelhantes, vai encontrar, neste livro, uma linda e preciosa mensagem através da narração de uma história. Os dois planetas da mente são percorridos, numa nave estranha, por um personagem. Você está habitando um destes dois planetas interiores.

(Lançamento: 1980)

CURE-SE
VOCÊ É SEU PRÓPRIO REMÉDIO

10ª EDIÇÃO
(328 páginas)

O novo livro de LAURO TREVISAN.

O caminho para o uso de todas as Forças curadoras.

Um verdadeiro guia da saúde.

(Lançamento: Janeiro de 1998)

ENCICLOPÉDIA MALUCA

18ª EDIÇÃO
(142 páginas)

O riso é o dom maravilhoso que só existe na criatura humana. O riso é o elixir da vida.

Rir – dizem os cientistas – é ainda o melhor remédio. Lauro Trevisan dedicou-se, nesta obra, a uma aventura gostosíssima: Fazer você rir.

(Lançamento: 1980)

PODE QUEM PENSA QUE PODE

43ª EDIÇÃO
(128 páginas)

Neste livro você realizará as duas maiores descobertas da humanidade: primeira, que existe um Poder Infinito no âmago do seu ser; segunda, que este poder é acionado pelo PENSAMENTO. Não deixe de ler este livro. Vai ensinar-lhe a livrar-se das depressões, das obsessões, das doenças físicas, do estresse, da pobreza, das privações e de tantos males que lhe tiram a alegria de viver.

(Lançamento: 1982)

O SEGREDO DA OUTRA VIDA

17ª EDIÇÃO

(72 páginas)

Quem não sofreu a dor da perda de um ente querido?

Aqui está uma linda mensagem de otimismo e confiança, descrevendo o nascimento, a vida e a vida-após-a-vida, com ternura, poesia e elevação superior. É um livro de 72 páginas, letras grandes, 30 ilustrações, que você lê em 15 minutos. Adquira-o, pois ele falará por você, quando falharem as palavras diante do sofrimento de quem parte e de quem fica. (Lançamento: 1989)

UMA HISTÓRIA DE AMOR

11ª EDIÇÃO

(80 páginas)

As crianças vibraram de alegria com este livro infantil, que conta uma linda história de duas crianças, que moravam no alto de uma montanha, e esperavam o Papai Noel naquele Natal. Só que ele avisou que não tinha o nome daquelas crianças na sua lista e, por isso, dessa vez, não poderia chegar lá. Aí aconteceu um milagre.

Tem muitas ilustrações coloridas, letras grandes, o que facilita a leitura e a torna atraente. (Lançamento: 1980)

SABEDORIA DE CADA DIA

26ª EDIÇÃO

(200 páginas)

Esta é uma obra útil e prática, contendo 180 meditações positivas, bonitas e benéficas, extraídas da sabedoria interior, capazes de levantar o astral e criar energias poderosas para o dia-a-dia.

Lançado em maio de 1990, o livro é apresentado em 3 modelos: simples, semi-luxo e luxo, este com capa de couro.

SEM PENSAMENTO POSITIVO NÃO HÁ SOLUÇÃO

13ª EDIÇÃO

(184 páginas)

Este livro levará você à conquista dos seus grandiosos sonhos. Com certeza. Você estará sempre em busca de soluções. Tomar o caminho certo é essencial, para não perder tempo, dinheiro e vida. Este livro conduz você à solução dos seus problemas e ensina o caminho que leva aos resultados positivos desejados. Leia-o.

AQUÁRIUS A NOVA ERA CHEGOU

20ª EDIÇÃO

(126 páginas)

Este é o livro do Terceiro Milênio.

Lançado em janeiro de 1991, esta obra exercerá irresistível fascínio sobre o público, porque traz uma visão fantástica e profunda sobre a Nova Era que está nascendo.

Tema atualíssimo, escrito com objetividade, profundidade e estilo jornalístico.

A VIDA É UMA FESTA

22ª EDIÇÃO

(156 páginas)

Mostra ao ser humano que a vida não é luta, nem sofrimento, nem renúncia – mas sim uma linda festa.

Ler este livro significa reencontrar o paraíso, perdido em meio às preocupações, desenganos, equívocos e preconceitos.

(Lançamento: 1991)

JESUS – PRECURSOR E ANUNCIADOR DA NOVA ERA

13ª EDIÇÃO (184 páginas)

LAURO TREVISAN, um dos mais profundos e respeitáveis estudiosos da NOVA ERA, traz, nesta obra, a GRANDE VERDADE, que empalidecerá os fanáticos e abrirá os caminhos da humanidade do presente e do futuro.

Impregnado de intuição, vidência e sabedoria, o livro faz o fantástico salto de 2.000 anos – como o fez o Mestre Jesus – e aponta a grande ERA que está surgindo. A mais clássica e legítima leitura sobre a NOVA ERA. (Lançamento: 1993)

LIÇÕES POSITIVAS

17ª EDIÇÃO

(176 páginas)

Em Lições Positivas, LAURO TREVISAN aborda, com seu agradável estilo bem-humorado, muitos aspectos da vida humana, oferecendo mensagens que ajudam a resolver dificuldades, problemas e sofrimentos, e mostram o caminho simples e fácil para que a vida se torne uma caminhada bem-sucedida, feliz e maravilhosa.

(Lançamento: 1993)

OTIMISMO & FELICIDADE

(Lançamento: 1994 – 160 páginas)

14ª EDIÇÃO

Mostra que o otimismo e a felicidade são qualidades essenciais para uma vida bem-sucedida. É preciso ser feliz para viver plenamente o dia de hoje e é necessário ser otimista para assegurar o sucesso de hoje e do futuro.

A FÉ QUE REMOVE MONTANHAS

(Lançamento: janeiro/95)

15ª EDIÇÃO

(168 páginas)

Estupendo! A fórmula definitiva daquele poder que move montanhas, cura doenças, produz milagres e tudo alcança.

AME OU VOCÊ MORRERÁ NO PRÓXIMO DOMINGO

(Lançamento: janeiro/97)

(232 páginas)

9ª EDIÇÃO

Este é o 36º livro de LAURO TREVISAN. Escritor, conferencista, empreendedor, especialista na ciência do Poder da Mente, vendeu mais de dois milhões de exemplares. Esta obra busca todas as dimensões do amor e procura colocar este dom maior do ser humano ao alcance de todos.

O EXPRESSO BALNESUL A UM PASSO DA ETERNIDADE

Lançamento: agosto/95

6ª EDIÇÃO

(216 páginas)

Você está nesta viagem carregando seus sonhos doirados e conflitos existenciais e, de repente, a iminência da maior catástrofe ferroviária...

Alegria! Emoções! Prazeres! Ódios! Conflitos! Felicidades! Amor! Sabotagem! Perigo!

O mundo de todas as idades no expresso da vida. Você vai adorar.

EXPLODA A CRISE FAÇA SUCESSO

Lançamento:janeiro/96

11ª EDIÇÃO

(184 páginas)

"EXPLODA A CRIS FAÇA SUCESSO" é o 3 livro de LAURO TREVISA Mostra, de forma clara fácil, que o SUCESSO é verdadeiro caminho do s humano e ensina com agir para que tal aconteç Seja qual for o tamanho crise, chegou a hora de e plodi-la e arrancar para melhor etapa da vida.